Das Buch
Nach dem Bestseller »Ich bin eine Dame, Sie Arschloch!«
das neue Buch vom Erfolgsduo!
Axel Krohn und Sören Sieg haben sich wieder auf die Lauer
gelegt, um das Getuschel, Gequatsche und Gejammer der
Deutschen zu protokollieren. Ob Flirtmeister oder Traditions-
bewahrer, Tierfreund oder Alltagsrebell, eines haben alle
Typen, denen sie dabei begegnet sind, gemein: Sie sind –
nicht immer ganz freiwillig – unglaublich komisch. Esel mit
Lichtschwertern im Krippenspiel und Raumpflegerinnen im
Arztkittel sind erst der Anfang …

Die Autoren
Axel Krohn, geboren 1974, ist Winzer und Autor. Er veröffent-
lichte neben dem Bestseller »Ich bin eine Dame, Sie Arsch-
loch!« mehrere Bücher zum Thema Sprache und Partner-
schaft.
Sören Sieg, geboren 1966, studierte Soziologie und Musik in
Hamburg und Bielefeld, tourte 18 Jahre mit seinem A-cappella-
Quartett LaLeLu durch die Republik und lebt heute als freier
Schriftsteller und Komponist in Hamburg.
www.soerensieg.de

Sören Sieg · Axel Krohn

»Ich hab dich rein optisch nicht verstanden«

Deutsche Dialoge mitgehört

Ullstein

Besuchen Sie uns im Internet:
www.ullstein-taschenbuch.de

Originalausgabe im Ullstein Taschenbuch
1. Auflage Dezember 2014
© Ullstein Buchverlage GmbH, Berlin 2014
Umschlaggestaltung: ZERO Werbeagentur, München
Titelabbildung: FinePic®, München
Satz: KompetenzCenter, Mönchengladbach
Gesetzt aus der Franklin Gothic Std
Papier: Pamo Super von Arctic Paper Mochenwangen GmbH
Druck und Bindearbeiten: GGP Media GmbH, Pößneck
Printed in Germany
ISBN 978-3-548-37539-7

Inhalt

Einleitung:
Irgendwo am Rande der Milchstraße 7

Einleitung: Irgendwo am Rande der Milchstraße

»*Das Leben ist zu kurz, um Deutsch zu lernen.*«
(Oscar Wilde)

»*Die Breite in der Spitze ist unglaublich groß.*«
(Berti Vogts)

Deutschland – unendliche Weiten. Eine unübersehbare und vor sich hin wuselnde Vielfalt von Menschen, wohin man auch sieht: in Fußgängerzonen, Freibädern und auf Fanmeilen. 82 Millionen unverwechselbare Individuen. Na gut, wenn man sich in eine Eisdiele setzt und die Vorüberschlendernden eine halbe Stunde lang beobachtet – so unterschiedlich sind sie auch wieder nicht. Zum Beispiel, was die Farbe der Kleidung betrifft. Welche Farbe?, werden Sie fragen. Genau. Richtige Farben wie rot, gelb, grün, orange oder blau tragen nur Kinder. Manchmal noch Jogger. Erwachsene ver

meiden so etwas. Dafür gibt es immerhin zwei völlig unterschiedliche Arten von Beinkleidern: hellblaue Jeans und dunkelblaue Jeans.

Das sind ja auch nur Äußerlichkeiten, werden Sie einwenden. Innerlich ist jeder ein einzigartiges Kunstwerk, etwas ganz Besonderes! Vielleicht. Wir waren nicht sicher. Um es herauszufinden, haben wir jahrelange Feldforschung betrieben. Wie schon für unser Vorgängerbuch »Ich bin eine Dame, Sie Arschloch!« haben wir wieder so getan, als wären wir Aliens, die zufällig in diesem grünen Erdstreifen in Mitteleuropa gelandet wären und nichts wüssten über die farblosen Wesen, die hier herumlaufen (okay: meistens sitzen sie eher herum.) Wir haben ihnen zugehört, beim Metzger, im Baumarkt und auf dem Elternabend. Und wir haben entdeckt, dass es im Grunde nur eine überschaubare Anzahl von Typen gibt. Einige davon sind eine echte Seltenheit: Casanovas, Diven, Punks, Intellektuelle, Sambatänzer und Optimisten haben wir nur in wenigen, entlegenen Nischen gefunden. Charismatische Redner, gelassene Autofahrer und glückliche Arbeitnehmer gar nicht.

Andere Typen sind dagegen so verbreitet, dass man ihnen kaum entkommt. Sie umgeben uns, sie missionieren uns, und sie bestärken sich gegenseitig in ihrer ganz eigenen Form von Logik. Sie beherrschen die Gespräche, ziehen alle Aufmerksamkeit auf sich und

prägen unseren Alltag. Um sie geht es in diesem Buch. Wir geben ihnen Namen, lauschen ihren Tiraden und versuchen sie zu verstehen. Wie wird jemand zum Kommerzbekämpfer oder Meinungshaber? Worüber macht sich der Tierfreund Sorgen? Was treibt den Wissensweitergeber um? Und warum sollte man versuchen, Selbstverteidigern und Weltrettern aus dem Weg zu gehen?

Es ist, wie es ist. In der Schweiz gibt es noch Liberale und Bergbauern. In England gibt es noch Exzentriker. Und in Jordanien gutaussehende Männer. Dafür haben wir Erfolgsucher und Traditionsbewahrer. Halb so schlimm, wenn die Erfolgsucher nicht ganz so erfolglos wären und die Traditionsbewahrer sich nicht jedes Jahr wieder über Halloween aufregen würden. Was ist denn bloß so schlimm an Kürbissen?

Von allen Systemen, die der Mensch geschaffen hat, sind seine Wahnsysteme am unterhaltsamsten. Folgen Sie uns ins Innere des Wahns, unerschrocken und unvoreingenommen. Und natürlich mit Schutzhelm. Und wenn Sie am Ende feststellen sollten, dass es sich um Ihr eigenes Wahnsystem handelt, haben Sie immer noch zwei Möglichkeiten: Entweder Sie regen sich auf. Oder Sie erzählen es all Ihren Freunden und schreiben uns einen Leserbrief. Wir freuen uns auf Ihre Post!

1. Kommunikationskünstler

»Es ist sehr schwierig, jedes Mal eine neue Rede zu erfinden.«
(Heinrich Lübke)

»For You. Vor Ort.«
(Letzter Werbeslogan von Schlecker vor der Insolvenz)

Wenn ein Zigarettenhersteller einen Liberty Award für mutige Journalisten ins Leben ruft, nennt man das »Unternehmenskommunikation«. Wenn Tepco sagt, man habe in Fukushima längst alles unter Kontrolle, handelt es sich um »Krisenkommunikation«. Und Ronald Pofalla gibt reumütig zu, er habe seinen Wechsel vom Kanzleramt in den Vorstand der Deutschen Bahn nicht gut genug »kommuniziert«. Beschönigen, rumlabern, sich herausreden, verharmlosen, lügen, übertreiben, untertreiben, suggerieren und unterstellen – das ist zum Glück alles ausgestorben. Heute wird nur noch kommuniziert! Dabei gilt der Grundsatz: Das, was wir denken, wenn wir hören, was jemand öffentlich sagt, ist der Grund dafür, dass er es gesagt hat. Weswegen es verhältnismäßig wenig zur Wahrheitsfindung beiträgt, jemanden zu der Sauerei zu interviewen, in die er gerade verwickelt ist. (»Hat die Großspende des Panzerherstellers an Ihren Parteibezirk etwas damit zu tun, dass Sie den Panzerexport nach Saudi-Arabien genehmigt haben?« – »Überhaupt nicht. Der Panzerhersteller ist überzeugter Sozialdemokrat in zehnter Generation. Und Saudi-Arabien ist eine lupenreine Demokratie!«)

Schenken Sie sich also Talkshows, Interviews, Homestorys, Pressekonferenzen und Preisverleihungen. Alles verkappte Propaganda. Tauchen Sie lieber ein in das Universum des Alltagsgesprächs. Hier wird niemand abgeholt, wo er ist, um ihn irgendwo hinzubringen, wo er niemals sein wollte. Niemand ist geschult, und keiner verfolgt einen Zweck. Im alltäglichen Gespräch sind wir wirklich frei. Und im Ausleben dieser Freiheit zeigt sich, wozu der Mensch ursprünglich die Sprache erfunden hat: Er möchte gerne reden. Egal worüber, egal mit wem, und egal ob das jemanden interessiert. Das durchzuhalten, wenn man auf eine Person trifft, die dasselbe Bedürfnis hat, ist gar nicht so einfach. Zuhören ist nicht nur anstrengend und überflüssig, es ist vor allem kontraproduktiv. Denn solange ich zuhöre,

kann ich ja selbst nichts von mir geben. 16.215 Worte sprechen Frauen im Schnitt pro Tag, 15.669 sind es bei Männern. Und das ist kein zufälliger Messwert, sondern ein Mindestausstoß. Wer darunter bleibt, fühlt sich einfach nicht wohl. Das hinzubekommen, ohne einen einzigen interessanten Gedanken zu haben, dem die Mitmenschen freiwillig folgen würden – das ist die wahre Kunst. Lassen Sie uns einigen Meistern dieser Kunst lauschen.

Höhere Macht

Vorweihnachtszeit; im Spielwarengeschäft. Ein junger Mann schaut sich suchend um, ein südländisch aussehender Verkäufer spricht ihn an.

Verkäufer: Kann ich Ihnen helfen?

Mann: Ja, das ist lieb. Meine Tochter führt nächste Woche im Kindergarten ein Krippenspiel auf. Sie hat die Rolle des Esels, und jetzt suche ich ein Kostüm für sie. Oder zumindest Eselsohren oder so etwas.

Verkäufer: Oh, das ist schwierig. Ich habe viele Weihnachtsmannkostüme, auch gut?

Mann: Na ja, das passt nicht wirklich. Es geht ja

um das Krippenspiel, und ihre Rolle ist nun-
mal der Esel.

Verkäufer: Ich habe auch noch Prinzessin-Kleid. Sehr
hübsch.

Mann: Beim Krippenspiel wird ja die Weihnachts-
geschichte aufgeführt. Maria, Josef, das
Christkind. Dazu ein paar Schafe, ein Esel,
ein Ochse und drei heilige Könige, Sie wissen schon. Eine Prinzessin kommt da leider
nicht vor.

Verkäufer: Ja, das ist schade. Anderes habe ich leider
nicht. Oder warten Sie, Weihnachtsmann,
Prinzessin und habe ich glaub ich noch
Star-Wars-Maske. Und Lichterschwert!

Fehlendes Verständnis

*Ein Live-Konzert. Zwei Männer, etwa 45 Jahre alt, stehen am
hinteren Ende der Halle.*

Mann 1 *(schreit)*: Geiles Konzert, ey! Aber ganz schön
laut!

Mann 2 *(schreit)*: Was?

Mann 1 *(schreit)*: Ein geiles Konzert ist das, aber ganz
schön laut!

Mann 2 *(schreit)*: Was?

Mann 1 *(schreit)*: Sehr witzig. Den Gag haste schon
                    vor zwanzig Jahren gemacht, Alter!

*Mann 2 fummelt sich am Ohr rum und zieht einen
kleinen Wattebausch heraus.*

Mann 1 *(schreit)*: Alter, was machst du denn? Ohren-
                    schützer, oder was?

Mann 2 *(schreit)*: Was?

Florale Meditation

*Im Park. Ein Vater mit iPhone sitzt auf einer Bank, sein kleiner
Sohn (vielleicht fünf) liegt auf der Wiese und schaut eine Blume
an.*

Vater: Alles in Ordnung?

Sohn: Ja.

*Vater spielt an Handy rum. Junge sieht Blume an. Nach
einer Weile:*

Vater: Langweilst du dich?

Sohn: Nein.

Vater tippt auf Handy.

Vater: Wollen wir weiter?

Sohn: Nein.

Vater: Vielleicht ein Fis essen gehen?

Sohn   *(guckt immer noch die Blume an)*: Nö.
Vater: Was machst du da eigentlich?
Sohn   *(seufzt)*: Papa, ich schau mir die Blume an.
Vater   *(irritiert)*: Ist wirklich alles in Ordnung?
Sohn   *(stöhnt)*: Ja.
Pause. Schweigen. Vater tippt auf iPhone.
Vater: Wollen wir dann mal weiter?

Lastervergleich

Mittags um eins. Zwei Männer im Regionalzug an der Mosel.
Einer mit Schnurrbart, einer mit Vollbart.

Mann mit Schnurrbart: Willst auch 'n Bier?
Mann mit Vollbart: Nee.
Schnurrbart: Wieso dat denn nich?
Vollbart: Ich trink kein Bier.
Schnurrbart: Wieso dat denn nich?
Vollbart: Schmeckt mir nich.
Schnurrbart: Wieso dat denn nich?
Vollbart: Weil's mir nich schmeckt.
Schnurrbart *(irritiert)*:   Mmh ... Also Wein?
Vollbart: Nee, auch nich.
Schnurrbart *(schockiert)*: Auch kein Wein? Gar kein
                            Alkohol, oder was?

Vollbart: Nee.

Schnurrbart: Na ja … *(resigniert, aber tolerant)* gibt's ja auch.

Vollbart: Ja.

Schnurrbart: Aber dann haste ja gar kein Laster.

Vollbart *(grinst)*: Ich hab auch mein Laster. Das kann ich dir aber sagen!

Schnurrbart *(beugt sich vor)*: Du meinst …

Vollbart: Aber hallo.

Schnurrbart: Mit die Frauen?

Vollbart: Klar.

Schnurrbart: Umso besser. Weißt ja, wie dat bei die meisten von uns ist. Weihnachten ist öfter. Prost!

Rechenfüchse

Ein Mann mit Glatze (Anfang 60) und ein Mann mit lockigem Haar (um die 40) in einem Restaurant.

Mann mit lockigem Haar: Kannst du mir vielleicht 'n guten Steuerberater empfehlen?

Mann mit Glatze: Steuerberater? Wozu?

Locke: Na, ich hab keine Lust, das zu machen. Außerdem könnt ich das gar nicht.

Glatze: Also, ich mach das schon ewig ohne Berater.
          Überleg mal, der Berater spart mir vielleicht
          mit tollen Tricks 500 Euro. Aber er kostet
          auch 1000 Euro.

Locke: Das bringt dann ja gar nichts. Da verlierst du
          ja Geld.

Glatze: Sag ich ja. Ohne Berater verschenk ich wahr-
          scheinlich 500 Euro. Mit Berater verlier ich
          500 Euro. Läuft also auf dasselbe hinaus.

Locke: Aber ist es mit Berater nicht 500 Euro teu-
          rer? Steuerschuld minus 500 Euro Ersparnis
          plus 1000 Euro Honorar?

Glatze: Nee, nee, das ist schon in Ordnung. Ich ver-
          liere jedes Mal 500 Euro.

Locke: Ach so.

Geteiltes Leid

Im Fußballstadion. Es läuft die erste Halbzeit, die Heimmann-
schaft liegt 0:2 zurück. Ein Fan mit Schal und Kutte springt auf
und schmeißt sein Bier auf den Boden, als fast das 0:3 fällt.

Fan 1 *(schreit in Richtung Fußballfeld)*: Scheiße! Was
spielt ihr da für eine Scheiße zusammen! Scheiße
noch mal!

Ein anderer Fan lächelt ihm vom Nebenplatz aufmunternd zu.

Fan 2 *(beschwichtigend)*: Ist doch noch mal gutgegangen, nur nicht aufregen, ist nur schade ums Bier.

Fan 1 *(immer noch in Rage)*: Schade ist gar kein Ausdruck, scheiße ist das! Ein scheiß-elender Grottenkick.

Fan 2:   Hast ja recht, aber da kann doch dein Bier nichts dafür. Ich hab jetzt nasse Füße, und du hast kein Bier mehr. Ist doch scheiße, oder?

Fan 1 *(ruhiger)*: Sach ich doch!

Gastfreundschaft

In einem veganen Frühstückscafé. Ein Gast sitzt allein an einem Tisch.

Kellnerin: Darf es denn bei Ihnen noch etwas sein?

Gast *(mit britischem Akzent)*: Haben Sie auch Earl Grey?

Kellnerin: Ich weiß nicht ... was ist das genau?

Gast: Ein ganz bestimmter Tee aus China. Mit Bergamotte-Aroma.

Kellnerin: Ich schau mal eben in die Karte ... wie hieß das?

Gast: Earl Grey.

Kellnerin *(sucht mit dem Finger)*: Mmh ... Mal gucken ... Ja, haben wir! Aber wir haben ganz, ganz viele Teesorten! Wollen Sie mal schauen?

Gast: Eigentlich möchte ich Earl Grey.

Kellnerin: Also wir haben unglaublich viele Sorten ... gucken Sie doch mal!

Sie gibt ihm die Karte. Er studiert sie.

Gast *(freundlich lächelnd)*: Vielen Dank. Ich nehme bitte einen Earl Grey.

Schwerer Ausstieg

Jüngere Frau und ältere Frau im überfüllten Regionalzug nach Kiel, beide müssen stehen.

Jüngere Frau: Fahren wir jetzt eigentlich bis Holtenau?

Ältere Frau: Nee, bis Kiel.

Jüngere Frau: Holtenau ist ein Teil von Kiel. Kiel-Holtenau.

Ältere Frau: Nee nee. Wir fahren nach Kiel. Kiel Hauptbahnhof.

Schweigen.

Jüngere Frau: Bist du sicher, dass wir nicht bis nach Holtenau fahren müssen?

Ältere Frau: Wir müssen nach Kiel.

Jüngere Frau: Ja. Aber der Zug fährt bis Holtenau. Müssen wir nicht da aussteigen?

Ältere Frau: Keine Ahnung.

Jüngere Frau: Keine Ahnung? Wieso keine Ahnung? Du hast doch die Unterlagen!

Die ältere Frau schweigt. Nach einer Pause:

Ältere Frau *(leise, hinüberbeugend)*: Was ist das mit diesem Holtenau?

Jüngere Frau: Das ist der Eingang zur Nord-Ostsee-Kanal-Schleuse. Deswegen denke ich, wir müssen da aussteigen.

Ältere Frau: Aha.

Schweigen.

Ältere Frau: Ich komm jetzt an die Unterlagen nicht ran. Die sind da hinten.

Nach einer Pause beginnt die ältere Frau, sich durch die Menschenmenge hindurch einen Weg zu ihrem Koffer zu bahnen. Sie durchwühlt den Koffer, guckt auf die Fahrkarte und kommt zurück.

Jüngere Frau: Na?

Ältere Frau: Kiel. Kiel Hauptbahnhof. Hab ich doch gesagt.

Jüngere Frau: Nicht Holtenau? Der Zug hält auch in Holtenau!

Generation Gap

Auf dem Spielplatz. Zwei kleine Kinder werfen Grashalme in einen kleinen Eimer und rühren darin herum. Eine ältere Dame beobachtet das Treiben.

Kind: Rühre, rühre, matsche patsche.

Dame *(lieblich)*: Naaaa, kocht ihr etwas Feines?

Die Kinder gucken erstaunt, schweigen und rühren weiter.

Dame: Kocht ihr eine leckere Suppe?

Kind: Schnell, wir brauchen noch mehr Gras.

Dame: Hmmm, das wird bestimmt lecker. Kocht ihr eine leckere Gras-Suppe?

Kind *(energisch)*: Wir kochen doch nicht! Das ist doch keine Küche, sondern ein Spielplatz! Wir sammeln Gras und werfen das in den Eimer, das sieht man doch.

Mischkalkulation

Morgens um sieben Uhr an der Tankstelle. Eine Kundin bezahlt Benzin und Brötchen.

Kassiererin: Zeddel habn?
Kundin: Nö.
Kassiererin: Besser is.
Kundin: Ja?
Kassiererin: Wegn Steuer. Is ja absetzbar.
Kundin: Nee, sind doch Brötchen mit aufm Bon.
Kassiererin: Macht doch nichts. Die beim Finanzamt essen auch Brötchen.

Verwechslung

Eine junge Ärztin macht eine Lumbalpunktion bei einer älteren Patientin und sticht ihr dazu mit einer langen Nadel einmal in den Rücken.

Ältere Patientin *(zuckt zusammen)*: Sagen Sie, kommt denn noch mal 'n Arzt?
Ärztin: Ich bin doch die Ärztin. Ich habe grade eine Lumbalpunktion bei Ihnen gemacht. Das dürfen nur Ärzte.

Ältere Patientin: Aber Sie sind doch so jung ... Sie sind
Ärztin?
Ärztin: Ich bin Ihre Ärztin. Das hatte ich doch auch
zur Begrüßung schon gesagt! Was dachten
Sie denn, wer ich bin?
Ältere Patientin: Ja, die Raumpflegerin!

Saubere Hilfe

*An der Tankstellenkasse. Ein junger Mann, südländischer Typ,
schaut auf die Tafel mit den Preisen der Autowaschanlage. Die
Kassiererin (Mitte 40, locker, fröhlich) wartet geduldig.*

Kunde: Jetzt weiß isch. Machst du misch einmal
Basitsch.
Kassiererin *(freundlich lächelnd)*: Was möchtest du
bitte haben?
Kunde: Isch brauchen Basitsch.
Kassiererin: Schatzilein, ich versteh kein Wort. Noch
mal ganz langsam, bitte.
Kunde: Machst du misch bitte Basitsch.
Eine andere Kundin schaltet sich ein.
Kundin: Ich glaube, er möchte einmal die Auto-
wäsche »Basic« haben.
Kunde: Ja, brauche isch Wäsche, danke schön.

Kassiererin: Ach so, einmal die einfache Wäsche, alles klar. Tut mir leid, mein Schatz, ich hatte dich eben einfach rein optisch nicht verstanden.

2. Flirtmeister

»Wird man durch einen Kuß zum Diebe?
Er ist ein trauliches Gelübde nur,
Ein zart Bekenntnis, ein gehauchter Schwur,
Ein Rosenpünktchen auf dem i der Liebe;
Ein Wunsch, dem Mund gebeichtet, statt dem Ohr,
Ein liebliches Geräusch wie Bienensummen,
Ein Traum der Ewigkeit, ein duftiges Verstummen.«
(Cyrano de Bergerac)

»Sie können ein Dirndl auch ausfüllen.«
(Rainer Brüderle)

Sex ist eine gute Sache. Dem würden wohl die meisten zustimmen. Nur – wie kommt man an dieses rare Luxusgut? Neue Frisur? Mehr Parfum? Womöglich sogar eine Frau ansprechen, die einem gefällt? Man weiß es nicht. Vor allem, wenn man kurzsichtig ist, sich keine Namen merken kann und leider nicht mal fotohygienisch ist. Äh, fotogenetisch.

Das Problem ist, dass Flirten mit Dingen verbunden ist, die wir Deutschen einfach nicht gelernt haben. So etwas wie Eleganz (*Bin ich 'n Mädchen?*), Komplimente (*Ich soll rumschleimen?*), intelligente Konversation (*laberlaber?*), Tanzen (*Wie peinlich ist das denn?*) oder Blumen mitbringen (*falsches Jahrtausend!*) gehört schlicht nicht zu unserem Verhaltensrepertoire. Den Pseudo-Coolen steht ihre Coolness im Weg. Den übertrieben Netten ihre Nettigkeit. Und den spröden Langweilern... na, Sie wissen schon. Das sind aber schon die drei Haupttypen von Männern in unserem Kulturkreis. Da wundert man sich auch nicht mehr, wenn die atemberaubendsten Frauen mit den ödesten Nullnummern zusammen sind. Eine Tatsache, die viele Männer zu Fehlschlüssen veranlasst. Was diese Frauen treibt, ist weder Zuneigung noch Leidenschaft, sondern derselbe Grund, warum SPD und CDU immer wieder miteinander koalieren: Alternativlosigkeit.

In einer Kultur, in der sich Frauen und Männer darauf geeinigt haben, ihr Leben in reizlosen Klamotten zu verbringen und auf Schwärmen, Singen, Tanzen und Dichten generell zu verzichten – in so einer Kultur gestaltet sich Flirten einfach anders. Vielleicht sollte man es auch gar nicht Flirten nennen. Sondern »ver-

gebliche Kontaktaufnahme«. Irgendwo zwischen niedlich, hilflos und saukomisch. Nur zielführend ist es
nicht. Wie sagt man in Kenia: »Herzen verbinden sich
nicht so schnell wie Maulwurftunnel.«

Charmebolzen

*Mann und Frau am Bahnsteig. Frau guckt in einen Handspiegel
und legt Puder nach.*

Sie *(frustriert)*:   Mann, ich sehe heute wieder richtig
                     scheiße aus.
Er *(gelangweilt)*: Och … ich finde, du siehst verhältnis-
                     mäßig selten richtig scheiße aus.
Sie: Na großartig.

Traumfrau

Zwei Männer in der Schlange vor einer Kinokasse.

Mann 1: Vielleicht treffen wir ja auf der Berlinale
        diese Frau wieder …
Mann 2: Welche?

Mann 1: Auf die wir beide so scharf waren … weißt du nicht mehr, diese PR-Frau, die wir letztes Jahr bei der After-Show-Party kennengelernt hatten, in Saarbrücken …

Mann 2: In Saarbrücken?

Mann 1: Ja, beim Max-Ophüls-Festival.

Mann 2: Keine Ahnung. Wie sah sie denn aus?

Mann 1: Ein bisschen wie diese Kunsthändlerin aus Düsseldorf.

Mann 2: Kann ich mich auch nicht dran erinnern.

Mann 1: *(ungeduldig)*: Lange, rote Haare … weißt du nicht mehr?

Mann 2: *(glücklich)*: Doch, jetzt erinnere ich mich.

Mann 1: *(auch glücklich)*: Und wie hieß die noch?

Mann 2: Ich glaube, es war ein Doppelname.

Eine Frage der Klasse

Zwei Jugendliche treffen sich vor einem Kiosk und begrüßen sich.

Junge 1: Was geht.

Junge 2: Was geht'n. Du riechst voll wie 'ne Schwuchtel.

Junge 1: Quatsch, das ist voll edel.

Junge 2: Casanova oder was.

Junge 1: Nee, nee. Das war richtig teuer. Die Mädchen stehen voll drauf.

Junge 2: Sach ich doch, Casanova, du Schwuchtel. Was isn das?

Junge 1: Voll keine Ahnung, Mann. Oooh von Toiletten oder so was. Voll mit Klasse.

Kunstvoll

Zwei Männer in Business-Anzügen beim Mittagstisch am Döner-Grill.

Mann 1: Agnes und ich gehen heute Abend ins Schauspielhaus. Keine Ahnung, was ich da anziehen soll.

Mann 2: Ganz normal? Oder ist das was Offizielles?

Mann 1: Nee, eigentlich ganz normal. Aber für Agnes ist heute Abend Pärchenabend. Wir unternehmen als Paar etwas Tolles zusammen, du verstehst schon. Sie wird sich bestimmt ordentlich aufbrezeln.

Mann 2: Macht doch nichts. Zieh doch einen Anzug an. Oder lass einfach an, was du jetzt anhast.

Mann 1: Bist du irre? Dann seh ja ich aus wie einer von den anderen Nichtsblickern. Mir geht es doch um die Kunst. Um den Inhalt, nicht um die Verpackung.

Mann 2: Verstehe. Dann geh doch im Jogginganzug. Oder im Gammel-Look. Dann wissen alle, dass du ein Intellektueller bist.

Mann 1: Ja. Nur: Was sagt dann Agnes?

Mann 2: Pass auf, ich hab's. Du musst dich an deinem persönlichen Zielsystem orientieren. Dein Ziel bestimmt die Kleidung, ok?

Mann 1: Verstehe ich nicht.

Mann 2: Ist doch klar: Willst du Theaterkunst erleben, ziehst du den Jogginganzug an. Willst du mit Agnes im Bett landen, dann ist das Theater nur das Vorspiel und du ziehst was Todschickes an.

Ausgebremst

Morgens an einer Straßenkreuzung. Ein dunkler Golf muss stark bremsen, um nicht mit einer Radfahrerin zu kollidieren, die gerade die Straßenseite wechseln will. Die junge, ganz in weiß gekleidete Radfahrerin reißt sich die Stöpsel ihres Musikplayers aus den Ohren, schiebt sich die Sonnenbrille ins

*lange dunkle Haar, bleibt mitten auf der Straße stehen und
schreit in Richtung Auto.*

Radfahrerin: Ey, willst du mich umbringen oder was?
*Der Autofahrer lässt die Scheibe herunter. Ein junger
Mann (südländischer Typ) mit Sonnenbrille kommt zum
Vorschein.*
Autofahrer: Baby, was willst du denn, ist doch nichts
              passiert.
Radfahrerin: Ey, ich zeig dich an. Du hast mich fast
              umgefahren!
Autofahrer: Mäuschen, du bist so hübsch, das Rum-
              schreien steht dir nicht.
Radfahrerin: Ey, was willst du denn? Fährst du immer
              so?
Autofahrer *(lachend)*: Baby, ich hab dich gesehen, ich
              fahr schon die ganze Zeit hinter dir her.
              Hast du Lust auf einen Kaffee? Ich lad
              dich ein.
*Die Radfahrerin schweigt. Sie nimmt in aller Seelen-
ruhe ihr Handy aus ihrer Handtasche und schaut auf
das Display.*
Radfahrerin: Ey, ich hab voll wenig Zeit. Aber ok, wo ist
              denn hier das nächste Café?

Überraschende Fähigkeit

Eine Frau und ihre Mutter stehen an einem Tisch in einem Strandbistro und essen Meeresfrüchte.

Frau: Jetzt ärgere ich mich doch, dass ich keine Knobi-Soße genommen habe.

Mutter: Komm Mäuschen, ich geb dir was von meiner ab.

Frau: Nein, lass mal, Derek mag das nicht, wenn ich abends so stinke. Danke, ich muss da einfach stark sein.

Mutter: Ach, Derek. Im Urlaub wird man doch noch mal etwas Knoblauch essen dürfen. Außerdem: An eurem Hochzeitstag hat er auch Knoblauch zum Mittag gehabt. Das hat noch am Abend gestunken ohne Ende.

Frau: Ach was, jetzt übertreibst du.

Mutter: Nein, das weiß ich noch genau, weil es euer Hochzeitstag war. Ausgerechnet an dem Tag Knoblauch zum Mittag zu essen, ich bitte dich.

Frau: Mama, was du nur wieder denkst! Ich glaube, du verdrehst da was.

Mutter: Nein, nein, mein Schatz. Das weiß ich noch ganz genau, ich hab da ein pornographisches Gedächtnis.

Feine Differenzierung

Freitag nach Schulschluss im öffentlichen Bus. Zwei stark ge-
schminkte und intensiv parfümierte Mädchen in kurzen Röcken
und hohen Stiefeln sitzen nebeneinander, drücken auf ihren
Smartphones herum und unterhalten sich nebenbei.

Mädchen 1: Ich so: Digger, klar hab ich Nacktfotos,
            aber nicht für dich, Digger.
Mädchen 2: Der hat doch Angst vor seine Mudda.
Mädchen 1: Er dann so: Ey, Bitch, du bist schön. Ich
            schwör und so.
Mädchen 2: Ey, voll laber ey.
Mädchen 1: Und ich dann so: Ey, geh doch deine
            Mudda, ich bin nicht hübsch, ich bin voll
            Bombä!

Wild thing

Beim Optiker. Eine Frau (circa 35 Jahre alt) betritt den Laden,
geht zum Verkaufstresen und spricht einen Mitarbeiter an.

Frau: Hallo, ich möchte gern meine Brille abho-
            len. Auf den Namen Kruse.
Mitarbeiter: Gerne. Handelt es sich um eine neue Brille,
            oder war ihre zur Reparatur?

Frau: Die war zur Reparatur, da war der Bügel abgebrochen.

Er sucht die Brille raus und geht zum Computer.

Mitarbeiter: So, dann wollen wir mal schauen. Dass so ein Bügel abbricht, hat man ja auch nicht alle Tage.

Die Frau lacht ein wenig und schweigt. Der Optiker schaut auf den Monitor.

Mitarbeiter: Oh, ich seh gerade, dass das bei Ihnen nicht das erste Mal passiert ist.

Frau *(lacht verlegen)*: Nein, passiert ab und zu mal.

Mitarbeiter: Das ist aber ungewöhnlich! Wie passiert das denn, dass die immer abbrechen? Einfach so?

Die Frau wird rot und schaut verlegen auf den Boden, was der Optiker aber nicht zu bemerken scheint.

Mitarbeiter: Haben Sie Kinder, die darauf herumturnen?

Frau: Nein, noch nicht.

Der Optiker schaut überrascht auf und wird nun ebenfalls rot.

Balzverhalten

Im Schwimmbad. Zwei Jugendliche kommen vom Duschen in die Umkleidekabine und ziehen sich um. Einer packt sein Deo aus und sprüht sich ordentlich ein, die gesamte Kabine ist von dem Duft erfüllt.

Unparfümierter: Ey, Digger, machst du Büffel oder was?

Deo-Liebhaber: Digger, da stehen die Muschis drauf.

Unparfümierter: Voll Moschus, Digger.

Deo-Liebhaber: Voll was, ey?

Unparfümierter: Voll Moschus, Digger.

Deo-Liebhaber: Nee, nix Moschus. Muschis, Digger, Muschis.

Scharfer Blick

An einer Kreuzung. Mehrere Menschen überqueren die Straße an einer Ampel, in der Straßenmitte wird es auf einer Verkehrsinsel etwas eng. Ein Mann (etwa 40 Jahre alt) und eine Frau (etwa 30 Jahre alt) kommen sich in die Quere und bleiben stehen.

Mann: Sie brauchen mich gar nicht so anzugucken,
         den bissigen Blick können Sie sich gern spa-
         ren.
Frau: Ich habe gar nicht bissig geguckt.
Kurzes Schweigen, gegenseitiges Mustern.
Frau: Ich hatte interessiert geguckt, weil Sie mir
         attraktiv erschienen. Das ist jetzt jedoch
         nicht mehr der Fall.
Mann: Schade, dann noch einen schönen Tag.
Frau: Leck mich.

Rettendes Ufer

*Ein dicker und ein dünner Mann sitzen vor einer Bäckerei in
der Sonne und trinken Kaffee.*

Dünner: Also nee, wirklich, mit den Frauen isses nix.
Dicker: Nee.
Dünner: Also Maren zum Beispiel. Die war irgendwie
         nett. Aber soo langweilig. Zum Gruseln.
Dicker: Frauen sind oft langweilig.
Dünner: Oder Kerstin. Die wollte jede Sekunde mit
         mir verbringen. Das reine Grauen. Kaum saß
         ich mal 'ne Minute in Ruhe da, wollte sie
         irgendwas.

Dicker: Furchtbar.

Dünner: Und jetzt Jaqueline, die war mal echt cool und sexy. Und was macht sie? Zieht mit ihrem Fitnesstrainer ab.

Dicker: So sind sie. Hauen einfach ab.

Dünner: Wenn du kein Fitnesstrainer bist, hast du keine Chance auf so 'ne Braut.

Beide sitzen schweigend da, denken nach.

Dicker: Willst es nicht mal mit mir probieren?

Dünner: Mit dir?

Dicker: Wieso nicht? Wo das mit den Frauen nie richtig hinhaut?

Dünner: Nee, lass man. Vielen Dank. Aber das is' mir doch zu weit, ganz bis zum andren Ufer zu schwimmen.

3. Weltretter

»Gebt mir betende Mütter, und ich rette die Welt.«
(Augustinus von Hippo)

»Erst wenn die letzte Ölplattform versenkt, die letzte
Tankstelle geschlossen, das letzte Auto stillgelegt und die
letzte Autobahn begrünt ist, werdet ihr merken,
dass man bei Greenpeace nachts kein Bier kaufen kann.«
(Beliebter deutscher Autosticker)

Es sieht schlecht aus. Regenwälder werden abgeholzt,
Wüsten breiten sich aus, Wasser wird knapp, Kinder
hungern, Viren werden resistent, Haie sterben aus,
Böden werden unfruchtbar, Wetterkatastrophen verviel-
fachen sich. Und keine einzige deutsche Schwimm-
medaille bei Olympia! In dieser Gemengelage zwischen
echten Weltuntergängen, eingebildeten Weltuntergängen und dem Untergang des öffentlichen Verstandes

ist es schwer, die Übersicht zu behalten. Wird der Hunger in Afrika wirklich verschwinden, wenn wir 25 Euro im Monat an ein Patenkind in Benin überweisen? Wäre es vielleicht sinnvoller, die afrikanischen Küsten nicht mit europäischen Fangfabrikschiffen leer zu fischen? Oder sind wir sowieso aus der Sache raus, weil wir als Schüler schon mal Geld für Greenpeace gesammelt haben?

Die Welt kann und muss in jedem Moment gerettet werden, das ist niemandem so klar wie uns, den Spendenweltmeistern. Aber leider haben die Menschen in Mali nicht mehr Wasser, wenn wir in Hamburg Wasser sparen. Das führt nur dazu, dass das Trinkwasser viel zu lange in den Rohren steht und die Wasserwerke große Mengen an Frischwasser durch die Rohre spülen müssen, um die Wasserqualität zu erhalten. Und damit die Schwemmkanalisation weiter funktioniert.

Sicher ist: Am Ende dieses Jahrhunderts werden mindestens zehn Milliarden Menschen auf dieser Erde leben. Und davon werden immer mehr so viel Fleisch essen, Auto fahren und Strom verbrauchen wie wir. Und das kann nicht gutgehen. Es gibt nur ein kleines Problem: Um Schlimmeres zu verhindern, wird es nicht ausreichen, einen Prius statt eines Geländewagens zu fahren, einmal in der Woche mittags auf Fleisch zu verzichten und in der Dusche zu pinkeln. Was wir

bräuchten, wäre eine Vollbremsung unseres Konsums: gar kein Auto. Gar keine Fernreisen. Höchstens einmal im Monat Fleisch. Und viel, viel weniger Elektronikzeug. Wird das passieren? Nein. Ist das sehr bedauerlich? Auf jeden Fall.

Wenn Sie also das nächste Mal an der Kasse einem Ökokrieger begegnen, der mit theatralischer Geste eine Plastiktüte ablehnt – lachen Sie nicht. Und wenn Sie lesen, dass der Deutsche Schwimmverband wieder keine Medaille geholt hat – regen Sie sich nicht zu sehr auf. Eher werden wir die Klimakatastrophe verhindern, als dass ein Deutscher noch mal die 100 Meter Freistil gewinnt.

Verdienst

In der Mittagszeit. Vor dem Eingang eines Einkaufszentrums steht ein Bettler und leiert monoton »Zehn Cent für ein Brötchen, bitte« vor sich hin. Etwas abseits stehen zwei gepflegte Frauen mit ihren Einkaufstüten und unterhalten sich. Eine trägt eine rote Sonnenbrille, die andere trinkt einen Coffee to go.

Frau mit Brille: Ach, irgendwie tun mir diese Leute immer leid.
Die Frau mit dem Kaffee nippt an ihrem Becher.

Frau mit Brille: Aber man kann ja nicht ständig allen
     Leuten Geld geben.

Frau mit Kaffee: Abgesehen davon, dass man für zehn
     Cent eh kein Brötchen kriegt.

Frau mit Brille: Na ja, wenn mehrere Leute 10 Cent
     geben würden, dann schon. Aber man kann
     ja nicht ständig allen Leuten etwas schen-
     ken.

Frau mit Kaffee: Seh ich auch so. Ich war als Kind
     Mitglied beim Naturschutzbund, das muss
     reichen.

Recht vor links

*An einer Rechts-vor-Links-Kreuzung nehmen zwei Radfahrer
einem Autofahrer die Vorfahrt. Der Autofahrer hupt; die Radfahrer zeigen keine Reaktion. Zwei Senioren (circa 65 Jahre
alt) beobachten den Vorgang.*

Seniorin: Jetzt guck dir die Radfahrer an. Als ob die
     Verkehrsregeln für sie nicht gelten würden.

Senior: Einfach überfahren.

Seniorin: Nein, anzeigen müsste man die. Anzeigen.
     Das war ein Delikt!

Senior: Überfahren! Als Autofahrer kriegst du eh die

Schuld, wenn's knallt. Egal, ob du Vorfahrt
hattest. Da kann man sie auch gleich überfahren.

Seniorin: Was wir brauchen, sind schärfere Gesetze.
Sonst macht hier bald jeder, was er will.

Senior: Das hat doch mit den Gesetzen nichts zu
tun. Hier geht es um das Einhalten von ein-
fachsten Verkehrsregeln. Das deutsche Ver-
kehrsrecht ist einzigartig in der Welt!

Seniorin: Was nützen Regeln ohne Strafe? Ich sag dir,
wir brauchen schärfere Gesetze. Mehr Poli-
zisten. Und härtere Strafen.

Senior: Sag ich doch: Überfahren.

Herrengedeck

*Morgens, 6.45 Uhr an der Tankstelle. Eine Gruppe Handwerker
steht an der Kasse und bestellt bei der Kassiererin; man kennt
sich.*

Kassiererin *(laut)*: Na, mein Hübscher, du auch schon
so früh auf den Beinen?

Alle lachen.

Handwerker: Immer! Machste mir trotzdem einen Kaffee fertig, wie immer?

Kassiererin: Klar doch. Möchtest auch was zum Bei-
              ßen?
Handwerker: Ja, hier so eins von euern Würstchen
              nehm ich. Mit ordentlich Senf. Und ein
              Croissant.
Kassiererin: Geht los.
Handwerker: Und dann einmal Rauchware zum Dre-
              hen und eine Packung Blättchen.
Kassiererin: Mach ich dir fertig. Dass das nicht ge-
              sund ist, weißt du ja selbst, 'ne. Guck ma
              auf die Uhr, mein Lieber.
Handwerker: Sie nu wieder. Ist das hier 'ne Tanke oder
              'n Reformhaus?

Rettungs-Brot

Morgens um halb acht beim Bäcker. Ein Mann (circa 40 Jahre alt) kommt in den Laden.

Kunde: Moin!
Verkäuferin: Moin, mein Lieber. Na, zwei Quarkstangen
             und zwei Weltmeister?
Kunde: Nee, also eigentlich ja. Aber wenn du so
             fragst, muss ich was anderes nehmen.
Die Verkäuferin guckt ihn fragend an.

Kunde: Es geht ja wohl gar nicht, dass du genau
            weißt, was ich haben will!
Verkäuferin: Nee? Du nimmst doch immer zwei Quark-
            stangen und zwei Weltmeister. Oder stehe
            ich heute morgen total auf der Leitung?
Kunde: Nein, gar nicht, du hast ja recht. Aber
            nichts ist schlimmer als Routine, oder?
            Wenn du schon vorhersagen kannst, was
            ich esse, ist das Ende nicht mehr fern.
Verkäuferin: Ach nee?
Kunde: Die Routine tötet alles. Die Liebe, das
            Leben, einfach alles. Bitte pack mir zwei
            Quarkstangen und ein halbes Roggenbrot
            ein. Das mag ich zwar nicht, aber lieber
            ein Brot, was ich nicht mag, als Routine.
            Weißt du was: Ich glaube, du hast mich
            heute Morgen gerettet!

Doppelmoral

*Auf dem Wochenmarkt; zwei elegant gekleidete Frauen (etwa
40 Jahre alt) stehen am Gemüsestand an und unterhalten sich.*

Frau 1:   Sie werden nicht glauben, was mein Mann
            gestern im Gartenhäuschen entdeckt hat.

Frau 2:   Na?

Frau 1:   Mäusekot! Überall. Alles voller Mäusekot!

Frau 2:   Igitt, ist das eklig. Die müssen Sie sofort vernichten, bevor die sich vermehren und nachher überall sind.

Frau 1:   Das hab ich auch gesagt! Mein Mann will heute Nachmittag eine Mausefalle kaufen.

Frau 2:   Ach, Schnickschnack. Was Sie brauchen, ist Gift. Da hilft nur 'ne ordentliche Chemiekeule. Die müssen Sie richtig plattmachen. Ist das eklig, ich hasse Mäuse!

Frau 2 ist an der Reihe und kann bestellen.

Frau 2 *(zum Gemüsehändler)*: Ich hätte gerne ein halbes Dutzend Bio-Äpfel.

Gemüsehändler: Da habe ich zum Beispiel diese hier, aus dem alten Land, sehr saftig und recht süß.

Frau 2:   Die sind aber auch wirklich bio und ungespritzt, oder?

Arme Schweine

Auf dem Weihnachtsmarkt. Zwei Männer stehen am Schwenk-grill an.

Mann 1: Guck mal, das Plakat da. Die haben auch Bisonwurst. Aus Kanada.

Mann 2: Hmm. Also ich nehm 'ne Thüringer.

Mann 1: Man muss doch auch mal offen für Neues sein. Ich glaub, ich probier mal so 'ne Bisonwurst.

Mann 2: Kannste doch nicht machen. Die Bisons sind so gut wie ausgestorben. Buffalo Bill hat die alle umgelegt. Keine Ahnung, warum die Amerikaner den als Helden feiern.

Mann 1: Stimmt. So ein Tierquäler.

Mann 2: Indirekt hat er damit auch die Indianer auf dem Gewissen. Die waren ja vom Büffel abhängig wie wir vom Schwein oder der Kuh.

Mann 1: Hast recht, die armen Schweine. Weißt du was, ich nehm 'ne Krakauer.

Saurer Verdacht

*Ein warmer Sommertag. Im Supermarkt steht ein Motorrad-
fahrer in Lederkluft mit Stiefeln, Helm und Handschuhen an der
Kasse an und legt eine Zitrone auf das Laufband. Er bezahlt
35 Cent und verlässt das Geschäft. Die Frau, die nach ihm dran
ist, spricht die Kassiererin an.*

Kundin: Was war das denn eben?

Kassiererin: Tja, viel eingekauft hat er nicht.

Kundin: Ich würd ja zu gern wissen, was er mit der
               Zitrone vorhat.

Die Kassiererin lacht.

Kundin: Im Ernst! Ich meine, der stellt sich hier in
               kompletter Montur bei den Temperaturen
               an der Kasse an und kauft dann eine ein-
               zige Zitrone. Das ist doch nicht normal.

Kassiererin: Ach, was ist schon normal heutzutage.

Kundin: Wenn er wenigstens ein paar Zitronen ge-
               kauft hätte. Oder eine Flasche Wasser da-
               zu. Ich finde das sehr merkwürdig. Haben
               Sie gesehen, wie der geschwitzt hat?

Kassiererin: Ist mir gar nicht so aufgefallen.

Kundin: Ich frag mich, ob wir den melden sollten.
               Haben Sie ihn irgendwo auf Kamera auf-
               genommen?

Sein oder nicht sein

Hamburger Flughafen. Am Abfluggate steht eine Gruppe Rentner, einer nach dem anderen durchquert die Schwingtür auf dem Weg zum Flugzeug. Eine ältere Dame bleibt kurz vor der Tür stehen und beginnt, mit ihrem Reisepass zu wedeln.

Dame: Es hat noch keiner meinen Reisepass kontrolliert. Hallo! Muss hier nicht mein Pass kontrolliert werden?

Flughafenangestellte: Den brauchen wir heute nicht. Sie fliegen innereuropäisch.

Dame: Aber woher wissen Sie denn, dass ich ich bin? Und nicht jemand ganz anderes?

Flughafenangestellte: Na, davon wollen wir doch mal ausgehen, dass Sie Sie sind, nicht wahr. Sie dürfen gern weitergehen.

Dame: Also, das ist ja ein Ding. Da ist es ja kein Wunder, dass den Terroristen nicht das Handwerk gelegt werden kann. Ich könnte jetzt doch auch jemand ganz anderes sein.

Flughafenangestellte: Ich habe eben Ihre Bordkarte gescannt, Sie sind auf diesen Flug gebucht, da bin ich mir ziemlich sicher, dass Sie nicht jemand anderes sind. Ich wünsche Ihnen einen guten Flug.

Dame: Na, Ihr Gottvertrauen möchte ich mal haben.
          Aber ich kann Sie beruhigen, ich bin es
          selbst.

Fürsorge

*Zwei feine ältere Damen sitzen in einem Café und essen
Kuchen. Dabei fällt ein Stückchen Kuchen zu Boden.*

Dame 1:   Annemarie, dir ist da ein Stückchen Kuchen
          runtergefallen. Warte, ich geb dir ein Taschen-
          tuch.
Dame 2:   Ach, lass doch, das tritt sich fest, wie mein
          Erwin immer sagt.
Dame 1:   Und was ist mit den Ameisen? Hier ist gleich
          alles voller Ameisen, wenn wir das nicht auf-
          heben. Ist doch kein Problem, ich habe im-
          mer so eine kleine Packung Taschentücher
          dabei.
*Sie kramt in ihrer Handtasche und findet nach einer
Weile die Taschentücher.*
Dame 1:   Guck, da sind sie. Ich finde diese kleinen
          Packungen so praktisch. Da sind zwar nur
          fünf Taschentücher drin, aber mehr brauch
          ich normalerweise gar nicht.
Dame 2:   Und wenn du Schnupfen hast?

Dame 1: Na, dann nehme ich natürlich eine normale Packungsgröße. Ich finde nur diese kleinen Packungen so praktisch, die passen immer gut in die Handtasche!

Dame 2: Also ich finde, dass das alles unnötiger Verpackungsmüll ist. Überall gibt es jetzt diese Miniverpackungen, das ist doch nichts Halbes und nichts Ganzes!

Die andere Dame guckt erstaunt.

Dame 1: Also ich bin froh, dass ich ein Taschentuch dabeihabe. Sonst könnte ich jetzt nicht die Krümel aufheben, die dir eben runtergefallen sind.

Dame 2: Ach, lass doch die Krümel, dann haben die Ameisen wenigstens was zu beißen.

Kleider machen Beute

Lesung im Literaturhaus; im Anschluss unterhalten sich ein paar Besucher in lockerer Runde. Um einen Tisch herum stehen zwei elegant gekleidete Frauen (circa 40 Jahre alt), eine blond und eine brünett, sowie ein etwas dicklicher Mann im grünen Parka.

Blondine: Lea hat morgen Faschingsfeier im Kinder-

	garten. Ich habe heute noch schnell ein Kostüm für sie genäht.
Brünette:	Als was geht sie denn?
Blondine:	Als Frosch. Sie wollte dieses Jahr unbedingt als Frosch gehen.
Brünette:	Das finde ich kreativ. Nidi geht dieses Jahr als Piratin.
Blondine:	Ach, das ist ja süß.
Mann:	Das ist jetzt nicht dein Ernst, oder?
Blondine:	Was denn?
Mann:	Man kann doch heutzutage nicht als Pirat gehen! Wir schicken unsere Soldaten nach Afrika, um unsere Handelsschiffe vor Piraten zu schützen, und deine Tochter verkleidet sich als einer!
Brünette:	Jetzt übertreibst du aber.
Mann:	Überhaupt nicht! Diese Piraten sind skrupellose Mörder, das sind Auftragskiller ohne jede Moral. Das kann man doch nicht als Faschingskostüm verharmlosen!
Brünette:	Es ist doch nur Fasching!
Mann:	Na klar! Vielleicht verkleiden sich die anderen Kinder ja als Terroristen oder als Waffenhändler. Vielleicht kommt ja einer im Bin-Laden-Kostüm. Ist doch nur Fasching.
Blondine:	Und was sagst du zu Cowboy-Kostümen?

Mann: Na ja, wenn man möchte, dass das eigene
            Kind einen Menschen darstellt, der die Ur-
            einwohner Nordamerikas auf dem Gewis-
            sen hat, kann man das natürlich machen.
            Dann ist auch Kreuzritter ein tolles Kos-
            tüm! Es muss nur allen klar sein, dass es
            nur Fasching ist. Nicht, dass am Ende alle
            Ungläubigen tot auf der Feier herumliegen.
Betretenes Schweigen.

Fehlende Orientierung

*Festliche Hochzeitsgesellschaft im Schlosspark am See. An
einem Bistrotisch stehen mehrere Gäste und essen Torte.*

Frau: Ach, das schmeckt so wunderbar. Wir lassen
            es uns hier aber auch einfach gutgehen.
*Nicken und anerkennendes Geschmatze. Die Frau wen-
det sich an den Mann an ihrer Seite.*
Frau: Schatz, ich weiß, du magst es nicht hören,
            aber Leute: Es geht ja nicht allen Menschen
            so gut wie uns hier. Ich finde es in dem Zu-
            sammenhang ganz wunderbar, dass das
            Brautpaar anstelle von Geschenken zu einer
            Spende aufgerufen hat.

Mann: Ach ja? Ich dachte, wir haben was zu einer Reise beigesteuert?

Frau: Aber nein doch, die Reise können sich die beiden doch selbst gut leisten. Anstelle von Geschenken haben wir gespendet, für ein Waisenhaus irgendwo in Afrika. Ich finde es wunderbar, dass die beiden auch an andere denken. Und die armen Kinder an ihrem Glück teilhaben lassen.

Mann: Hatte ich gar nicht mitbekommen. Na ja, ich hätt' auch die Reise genommen.

Allgemeines Schmunzeln und zustimmendes Gekaue.

Frau *(leicht entrüstet)*: Ach Schatz, ich finde es schlimm, dass du das nicht würdigst. Genau so, wie du das mit unserem Patenkind nicht ernst nimmst.

Andere Frau: Ihr habt ein Patenkind? Kenn ich das?

Frau: Aber nein doch, das ist doch nicht in Deutschland. Wir haben ein Patenkind in … *(sie überlegt),* wo haben wir das noch mal, Schatz, in diesem armen Land, ach ja: in Mesopotamien.

Verschnupft

Es ist Winter. Am Bahnsteig warten mehrere Leute auf die S-Bahn. Ein etwa 40jähriger Mann mit dreckiger Lederjacke und Kopfhörern zieht ständig die Nase hoch und spuckt aus. Ein ältere Dame nähert sich ihm.

Dame: Junger Mann, Sie müssen mal ein Taschen-
          tuch benutzen.
Der Mann reagiert nicht. Er hört vermutlich nicht, was die Dame sagt, da er laut Musik hört.
Dame *(lauter)*: Junger Mann, brauchen Sie vielleicht
          ein Taschentuch?
Der Mann guckt zu ihr, reagiert aber nicht. Die Frau zieht ein Taschentuch aus ihrer Handtasche und wedelt damit vor seinem Gesicht herum.
Dame: Möchten Sie ein Taschentuch? Ich schenke
          Ihnen eines.
Der Mann nimmt die Kopfhörer ab.
Mann: Was wollen Sie?
Dame: Ich möchte Ihnen ein Taschentuch geben.
Mann: Ey Mann, lass mich in Ruhe, ich steh nicht
          auf alte Weiber.

4. Erfolgssucher

»Wer Ziegen möchte, muss dafür arbeiten.«
(Sprichwort aus Kenia)

»Wenn ihr vollgefressen in den Seilen hängt,
wird das nie etwas.«
(Dieter Bohlen)

Der Weltretter scheitert – aber in Würde. Und mit
gutem Gewissen. Wenn er unter der Dusche pinkelt,
um Wasser zu sparen, hilft das den Bewohnern der
Sahelzone zwar wenig, aber immerhin hat er beim
Duschen an die Bewohner der Sahelzone gedacht.
Und wenn diese auch eine Dusche hätten, wären sie
gut beraten, es ihm gleichzutun. Gut sein im Konjunktiv und dauerhaftes Mitleiden – das ist vorbildlich, ja,
vielleicht sogar heldenhaft. So kann man es zumindest sehen. Andere halten das für albern und unnötig.

Insbesondere der Gegenspieler vom Weltretter: der Erfolgssucher. Während für den Weltretter das gute Ziel alles ist und er keinen Gedanken daran verschwendet, wie unwirksam das Mittel seiner Wahl ausfällt, so ist es für den Erfolgssucher genau umgekehrt: Hauptsache effektiv. Ob Vordrängeln oder rote Krawatten, freundliches Bitten oder chemische Keule – es zählt nur, möglichst schnell zum Ziel zu kommen. Oder wie es ein sehr großer und essfreudiger deutscher Kanzler formuliert hat: »Entscheidend ist, was hinten rauskommt.« Vergleichen Sie das mal mit dem kategorischen Imperativ von Immanuel Kant. Viel zu kompliziert! Und Fairness, was soll das sein? Ein neumodischer Anglizismus.

Schön, wenn diese sympathische Einstellung auch bei jungen Menschen um sich greift und zur Erkenntnis reift, dass die alten Griechen schon lange tot sind und man daher lieber Chinesisch lernen sollte. Allerdings können wir auch von den neuen Griechen manches lernen. Zum Beispiel den Kredit-Trick: Man leiht sich Geld und kauft sich dafür Häuser, Autos und andere schöne Dinge. (In den 2000er Jahren waren die Griechen größter Pro-Kopf-Importeur von Porsche Cayennes.) Wenn man keine Lust mehr hat die Schulden zurückzuzahlen, bittet man seine Nachbarn, dies zu tun (»Rettungsschirm«), und die Gläubiger, auf ihre Forderungen zu verzichten (»Schuldenschnitt«). Schließlich sei man von »Spekulanten« in die Überschuldung »getrieben« worden. Auf diese Weise bekommen selbst knallharte Erfolgssucher noch Sympathien von Weltrettern: Sie müssen nur tränenreich versichern, selbst Opfer böser Machenschaften geworden zu sein. Das klappt übrigens auch, wenn Sie sich im Supermarkt vorgedrängelt oder Ihre BahnCard vergessen haben. Viel Spaß beim Ausprobieren!

Vorfahrt

Eine Tankstelle bei Frankfurt. Ein junger Mann, dynamische Erscheinung, braungebrannt, sportlich, und ein Mann in den mittleren Jahren, untersetzt, Bundfaltenhose, Hemd, Sakko.

Junger Mann: Entschuldigung, können Sie mir gerade mal helfen? Mein Wagen springt nicht an.

Älterer Mann: Tut mir leid, ich hab gar keine Zeit, ich muss ganz schnell …

Junger Mann: Also, das ist ziemlich wichtig. Und geht ganz schnell.

Älterer Mann: Es tut mir ja auch wahnsinnig leid, aber ich muss leider sofort weg.

Junger Mann: Macht ja nichts. Hier, nehmen Sie mal

den Squashschläger, und hauen Sie
auf den Anlasser, wenn ich Ihnen ein
Zeichen gebe!

Älterer Mann: Äh, ok. Hier, so?

Junger Mann betätigt Zündung, älterer Mann haut mit dem Squashschläger auf den Anlasser, der Motor springt an.

Junger Mann: Danke, gut gemacht. Tschüs! *(fährt an ihm vorbei)*

Älterer Mann *(blickt ihm verwirrt hinterher)*: Äh... ja, bitte schön.

Wissensvorsprung

Im Gartenfachmarkt; eine Fachkraft berät einen Kunden am Giftschrank.

Kunde: Wir haben Wollläuse, überall. Ich brauch eine richtige Keule!

Verkäuferin: Gegen Woll- und Schmierläuse haben wir verschiedene Präparate. Welche Pflanzen sind denn befallen?

Kunde: Die hocken bei uns überall! In der Hecke, aufm Beet, in den Blumen – echt eklig, diese Mistböcke.

Verkäuferin: Ich muss schon genauer wissen, welche Pflanzen befallen sind. Ich habe hier Mittel zum Schutz von Stein- und Beerenobst, zum Schutz von Zierpflanzen, zum Schutz von …

Kunde *(unterbricht)*: Rotbuchenhecke!

Verkäuferin liest sich mehrere Verpackungen durch.

Verkäuferin: Also von Buchenhecken steht hier nichts. Da kann ich Ihnen leider nichts Passendes anbieten.

Kunde: Dann nehm ich das Zeug für Steinobst.

Verkäuferin: Also, hören Sie mal, Buchen gehören doch nicht zum Steinobst!

Kunde: Ist mir schon klar. Aber das wissen die Läuse doch nicht!

Survival of the fittest

Ein Mann im Anzug steht in einer langen Supermarktschlange. Hinter ihm eine jüngere und eine ältere Frau.

Jüngere Frau: HAALLLOO! ZWEITE KASSE!

Jemand gibt ein Klingelzeichen.

Mann im Anzug: Also, das hab ich die ganze Zeit schon überlegt, ob ich rufen soll … schön, das

Sie sich getraut haben, da bin ich immer ganz dankbar.

Kassierer an der neuen Kasse: Wollen Sie bitte auch hierherkommen?

Junge Frau geht im Eiltempo an allen Wartenden vorbei zur zweiten Kasse.

Ältere Frau *(zum Mann im Anzug)*: Können Sie mich bitte mal durchlassen? Sie versperren mit Ihrem breiten Wagen den Weg!

Mann: Aber Moment... ich will doch auch zur zweiten Kasse!

Ältere Frau: Sehen Sie nicht, dass meine Tochter da schon steht? Die gehört zu mir! Jetzt lassen Sie mich durch!

Mann: Aber... die hatte sich doch auch schon vorgedrängelt!

Ältere Frau drängelt sich resolut am Mann im Anzug vorbei zu ihrer Tochter.

Mann *(konsterniert)*: Also, Ihnen ist schon klar, dass Sie sich beide vorgedrängelt haben?

Ältere Frau *(betrachtet den Mann im Anzug mit Verachtung)*: Unverschämtheit!

Lehrplan-Relaunch

Elternabend am Gymnasium; viele Eltern, der Klassenlehrer und der Klassensprecher (etwa 16 Jahre alt).

Klassensprecher: Wir haben uns in der Klasse Gedanken über den Lehrplan gemacht. Und finden, dass dieser aktualisiert werden muss.

Eine Mutter: Was hat euch dazu bewogen, Jan-Hendrik?

Klassensprecher: In den Stunden wird viel zu wenig über das »Heute« geredet, in fast allen Fächern geht es um alte Sachen. Für unsere Zukunft müssen wir aber mehr über das Internet wissen. Oder über Wirtschaft und Globalisierung.

Mutter: Also über das Internet wisst ihr doch besser Bescheid als die meisten eurer Lehrer. Bei Themen wie Wirtschaft und Politik hast du natürlich nicht ganz unrecht.

Klassensprecher: Das Wissen wird ja immer mehr. Deswegen müssen wir heute schon viel mehr Stoff lernen als Sie damals. In den letzten fünfzig Jahren ist ja ganz viel dazugekommen, z. B. Internet, Handys, Atomkraftwerke oder Gentechnik und so. Wenn wir das auch noch alles lernen sollen, muss was anderes weggelassen werden.

Mutter: Und an was habt ihr da gedacht?

Klassensprecher: Mathe zum Beispiel. Wir brauchen nur zu wissen, wie ein Taschenrechner oder Excel funktioniert. Alles vorm zweiten Weltkrieg kann man weglassen. Die sind doch eh alle tot.

Mutter: Na ja, also ...

Klassensprecher *(unterbricht)*: Wenn man die alten Griechen und Römer und so weglässt, bleibt mehr Zeit für das Wichtige. Zum Beispiel Internet. Oder Sprachen.

Mutter: Sprachen sind wichtig, das stimmt. Aber Geschichte auch.

Klassensprecher: Wenn wir an unsere Zukunft denken, müssen wir wettbewerbsfähig sein. Auch international. Zum Beispiel mit Chinesisch. China wird immer wichtiger, die alten Griechen sind schon lange tot.

Mutter guckt ratlos in die Runde.

Farbleere

Mittagspause. Drei Geschäftsmänner (zwischen 45 und 55 Jahre alt) stehen beim Essen an einem Bistrotisch.

Mann 1: Ich bin mal gespannt, wie nachher der Termin mit den Beratern laufen wird.

Mann 2: Hast du den Weber schon gesehen? Der hat heute seine rote Krawatte um.

Mann 1: Oh, dann sollten sich die Herren Consultants warm anziehen. Das kann ja lustig werden, Brunftzeit der Platzhirsche.

Mann 3: Hat es eine bestimmte Bewandtnis mit der Krawatte?

Mann 2: Das ist Psychologie! Rot gleich Alphatier. Verstehst du? Wie der Torero, am Ende stirbt der Stier.

Mann 1: Gabriel trägt auch immer rote Krawatten. Das signalisiert Stärke und Macht.

Mann 3: Ich dachte, das sei die Farbe der SPD.

Mann 1: Das auch. Das hat aber nichts mit Farbpsychologie zu tun. Da kommt das Rot eher vom Kommunismus oder so. Gabriel ist ja kein Kommunist. Der ist einfach nur machthungrig und dominant. Ein echter Torero.

Keine Einsicht

Ältere Schaffnerin geht durch den Zug, spricht eine junge Frau mit extravaganter Brille an.

Schaffnerin: Die Fahrkarte, bitte.
Die Frau reicht sie ihr.

Schaffnerin: Dann bräuchte ich noch die BahnCard dazu.

Junge Frau *(sucht die BahnCard)*: Also, ich fürchte, die kann ich im Moment nicht finden.

Schaffnerin: Dann warte ich so lange.

Junge Frau: Kommen Sie doch einfach später noch mal zurück. Dann hab ich sie bestimmt gefunden.

Schaffnerin: Ich fürchte, das geht nicht. Ich muss zur Fahrkarte die BahnCard sehen.

Junge Frau: Wie Sie sehen, kann ich die BahnCard gerade leider nicht finden.

Schaffnerin: Dann muss ich leider nachkassieren.

Junge Frau: Wieso das denn?

Schaffnerin: Für die Ermäßigung müssen Sie die Ermäßigungskarte vorlegen.

Junge Frau: Das müssen Sie doch irgendwo im Computer sehen können, dass ich 'ne BahnCard hab.

Schaffnerin: Nein, kann ich nicht. Sie müssen die BahnCard immer mit sich führen.

Junge Frau *(schnauft)*: Jetzt hören Sie mal gut zu. Ich habe diese verdammte BahnCard gekauft. Und nur weil SIE nicht in der Lage sind, das in Ihrem Computer zu sehen, werde ich ganz bestimmt nichts nachzahlen! *Die junge Frau steht auf und geht.*

Schaffnerin: Äh – hallo? Wo gehen Sie hin?

Junge Frau: Ins Bistro. Ich trink erst mal 'nen Kaffee. Ich fass es nicht.

Fairer Ansatz

Im Gartenfachmarkt; eine Fachkraft berät einen älteren Herrn.

Kunde: Moin, ich brauch ein Spray gegen Mehltau.

Verkäuferin: Auf Rosen?

Kunde: Ja, die sind alle befallen, meine Frau ist schon ganz unglücklich. Ich selbst sag ja immer »Lass die Natur das regeln«, aber meine Frau liebt ihre Rosen und will, dass ich was spritze.

Verkäuferin: Das kann ich verstehen. Um was für Mehltau handelt es sich denn, echten oder falschen?

Kunde: Keine Ahnung, sie hat nur Mehltau gesagt.

Verkäuferin: Das müsste ich aber schon genau wissen. Es gibt verschiedene Sorten von Mehltau und dementsprechend auch unterschiedliche Fungizide.

Kunde: Dann nehm ich das gegen echten Mehltau. Dann stehen die Chancen 50/50. Dann hat auch der Gegner noch 'ne faire Chance, finden Sie nicht?

Heiße Luft

Auf dem Wochenmarkt; kurz nach der Bundestagswahl. Ein Mädchen (etwa fünf Jahre alt) und seine Mutter stehen beim Gemüsehändler an.

Mädchen (*quengelnd*): Ich will aber einen Luftballon.

Mutter: Mäuschen, die gibt es jetzt erst mal nicht mehr. Die gab es nur zum Wahlkampf.

Mädchen: Warum gibt's die jetzt nicht mehr?

Mutter: Na, weil die Wahl jetzt vorbei ist. Jetzt sind die Parteien nur noch im Fernsehen zu sehen. Und erst in vier Jahren, da ist nämlich die nächste Wahl, kommen die wieder auf den Markt und verteilen Luftballons.

Mädchen: Das find ich aber unfair.

Mutter: Ach, ich bin eigentlich ganz froh, dass die wieder weg sind. Die wollten uns nämlich von ihrer Partei überzeugen und wollten, dass wir sie wählen.

Mädchen: Ich wähle die mit den orangenen Luftballons, die halten am längsten.

5. Kommerzbekämpfer

»Die Deutschen sind der Tücke des Geldes nicht gewachsen.«
(André Kostolany)

»Wenn die Eckfahne Nutella-Fahne heißt, höre ich auf.«
(Manfred Breuckmann, deutscher Sportreporter)

Haben Sie mal auf eigene Rechnung eine Ware herge-
stellt und nachher gespannt darauf gewartet, ob irgendjemand sie kauft? Kennen Sie das Glück, wenn
tatsächlich jemand freiwillig sein hart erarbeitetes
Geld für etwas ausgibt, was Sie sich ausgedacht und
erschaffen haben? Und haben Sie mal die Enttäu-
schung erlebt, wenn unwiderruflich klar wird, dass sich
keine Sau für Ihre Sachen interessiert, so dass all die
Mühe umsonst war und Sie Ihr investiertes Geld nie
wiedersehen werden?
Unternehmer zu sein ist das letzte große Abenteuer

unserer Zeit. Und genau das ist das Problem. Denn
Abenteuerlust ist nicht gerade unsere hervorstechends-
te Eigenschaft. 60 % der deutschen Abiturienten gibt
als Berufswunsch Beamter an. Die Gefühlsachterbahn
von Selbständigen ist den meisten Menschen völlig un-
bekannt. Neun von zehn Erwerbstätigen beziehen feste
Gehälter, die ihnen unabhängig von ihrer Leistung aus-
gezahlt werden. Und wer diesen soliden Arbeitnehmern
etwas verkaufen will, ist grundsätzlich verdächtig. Ob-
wohl auch diese Festangestellten fast alle ihre Bedürf-
nisse dadurch befriedigen, dass sie Güter und Dienst-
leistungen *kaufen*, haben sie sich darauf geeinigt, dass
verkaufen moralisch irgendwie bedenklich ist. Diese
Bedenken kristallisieren sich in dem Begriff *Kommerz*.
Während Engländer unter *commerce* ganz sachlich den
Handel mit etwas verstehen, ist *Kommerz* für Deutsche
der Anfang vom Ende. Die Tatsache, dass etwas sich
gut verkauft, ist nicht Anlass zur Freude darüber, dass
jemand offenbar einen Nerv getroffen hat, nein, es ist
Anlass für Misstrauen und Verachtung: Offenbar hat
sich jemand dem Massengeschmack angepasst, sich
prostituiert, seine Idee verraten und seine Persön-
lichkeit verkauft. Und wenn dann noch einer wagt,
Werbung für sein Produkt zu machen, ist es ganz aus.
Manipulation, Gehirnwäsche, Konsumterror! Und erst
die Abholzung der Regenwälder!
Sogar Preise werden moralisch bewertet. 5,20 € Ein-

tritt fürs Schwimmbad? Wucher! Abzocke! Kapitalis-
mus! Dass dieser Preis noch mal mit demselben Be-
trag von der Stadt bezuschusst wird, weil es eben
ziemlich teuer ist, 50-Meter-Becken in einem mittel-
europäischen Sommer auf 20 Grad zu halten und rund
um die Uhr Bademeister zu beschäftigen, ja, dass es
eigentlich höchst erstaunlich ist, dass der Steuer-
zahler ein Privatvergnügen wie *Schwimmen* subventio-
niert – davon bleibt die Empörung ungetrübt. Es ist
nicht so billig wie gerade eben noch, also wie, na,
sagen wir – 1974? Sauerei!
Wenn man etwas »zu teuer« findet, ist die Konsequenz
doch eigentlich gar nicht so schwer. Man lehnt dan-
kend ab. Schön wäre, wenn man das mit Steuern, Ab-
gaben und Gebühren auch so handhaben könnte.

Coole Lösung

*In der Kühlschrank-Abteilung eines Elektrofachmarktes. Ein
junger Verkäufer berät verschiedene Kunden parallel. Ein wei-
terer Kunde tritt an ihn heran und zeigt auf einen Kühlschrank.*

Kunde *(misstrauisch)*: Und er hier, was kann er, was
                    die anderen nicht können? Ich mein, der ist
                    ja echt jetzt mal teurer.

Verkäufer: Dieses Modell ist einfach wunderbar, unser bestes Pferd im Stall, wenn man das so sagen kann. Das Besondere bei ihm ist der extragroße Zero-Degree-Bereich.

Er zeigt dem Kunden drei Fächer zum Rausziehen.

Verkäufer: Das hier ist die größte Fresh-Zone, die derzeit auf dem Markt erhältlich ist. Fisch, Fleisch, Gemüse: Hier passt alles rein und hält sich extrem lange frisch.

Kunde: Das mit dem Frischhalten ist doch Quatsch, oder? Ich mein, das hat sich die Industrie ausgedacht, um neue Kunden zu ködern.

Der Verkäufer hält inne und schaut sich den Kunden genau an.

Verkäufer: Mögen Sie genmanipulierte Tomaten?

Kunde *(fragend)*: Nein?

Verkäufer: Mögen Sie genmanipulierte Gurken?

Kunde: Nein, auch nicht.

Verkäufer: Nun, dann haben Sie Ihre Wahl eigentlich schon getroffen. Sie können nämlich entweder genmanipuliertes Gemüse kaufen, das hält sich auch ohne Kühlschrank wochenlang, ohne zu welken oder zu schimmeln. Oder Sie kaufen teure Bio-Ware. Und damit die nicht sofort anfängt zu gammeln, packen Sie sie in diesen Kühlschrank in diese wunderbar großen Zero-Degree-Fächer.

Kunde: Verstehe.

Verkäufer: Dieser Kühlschrank ist die Lösung für alle,
          die gegen Genmanipulation sind.

Schweinepriester

Mittagszeit in einem türkischen Restaurant. Zwei Männer haben sich etwas zum Mitnehmen bestellt und warten auf ihr Essen. An der Wand hängt ein Fernseher, es läuft Werbung.

Mann 1: Guck ma, der Gottschalk macht immer noch
        Werbung für Gummibärchen.

Mann 2: Der alte Sack.

Mann 1: Als ob der das Geld bräuchte. Ich kann den
        Typen nicht mehr sehen. Und die Goldbären-
        Sprüche werden auch immer blöder. Einfach
        mal die Fresse halten.

Mann 2: Die Werbung kann er sich hier auf jeden Fall
        sparen. Die Moslems interessiert das Gum-
        mizeug ja schon mal so gar nicht.

Mann 1: Wegen Gottschalk?

Mann 2: Nee, wegen der Gelatine. Ist ja vom Schwein,
        das dürfen die nicht essen.

Mann 1: Also für mich ist Gottschalk das Schwein.

Kostenloser Zusatznutzen

Am Eingang zum Freibad. Eine ältere Frau steht an der Kasse und diskutiert mit dem Kassierer. Hinter ihr bildet sich eine Schlange, der Kassierer nimmt sich Zeit, auf die Kundin einzugehen.

Frau: Fünf Euro zwanzig für ein Mal kurz Schwimmen, das finde ich aber sehr teuer.

Kassierer: Sie können für den Eintritt den ganzen Tag unbegrenzt schwimmen.

Frau: Ich möchte maximal eine Dreiviertelstunde schwimmen, dann bin ich auch schon wieder raus. Kein Rutschen, keine Sauna, kein Solarium. Nur ein Mal Schwimmen.

Kassierer: Es tut mir leid, wir haben keine Kurz-Schwimm-Tickets. Unsere Sauna- und Solarium-Angebote sind in den fünf Euro zwanzig natürlich nicht enthalten.

Frau: Die will ich ja auch gar nicht nutzen. fünf Euro zwanzig ist einfach sehr teuer für ein Mal kurz Schwimmen.

Kassierer: Dann schwimmen Sie doch einfach etwas länger. Oder Sie legen sich auf die Liegewiese und genießen das gute Wetter.

Frau: Sie wollen mich wohl hochnehmen, ich zahl

doch nicht für Sonnenschein. Da könnte
ich ja gleich ins Solarium gehen.

Kassierer: Eben nicht. Solarium kostet extra.

Werbung wirkt

Im Reformhaus. Eine Frau schaut sich das Regal mit den Tee-Angeboten an. Neben ihr steht ein unbeteiligt und desinteressiert schauender Mann.

Sie: Guck mal, ein Snack-Tee. Hier steht »Wenn
            am Nachmittag der Hunger kommt, genießen
            sie einfach eine Tasse ...«

Er *(unterbricht sie)*: Werbegeschwafel. Reiner Schwach-
            sinn.

Sie *(schaut erstaunt)*: Du musst das hier mal durch-
            lesen. Ich mein, wie oft greift man am Nach-
            mittag zur Schokolade oder zu ...

Er *(unterbricht sie)*: Das ist doch Bauernfängerei. Da
            haben sich die Marketingleute die Zielgruppe
            der fetten Frauen vorgenommen und einen
            Standardtee einfach mal Snack-Tee genannt
            und mit einer Abnehm-Story versehen. Und
            du bist kurz davor, drauf reinzufallen.

Sie greift zu einem anderen Tee.

Sie: Guck mal hier, Guten-Morgen-Tee. Der ist aber doch in Ordnung.

Er: Der schmeckt bestimmt nach gutem Morgen. So wie Pfefferminztee nach Minze schmeckt. Alles Unsinn! Marketingschnickschnack! Dass du das nicht merkst.

Sie schaut weiter, da entdeckt er einen Tee und nimmt ihn aus dem Regal.

Er: Guck mal hier. Frauen-Tee. Ich halts nicht aus. Den solltest du mal kaufen, ich probier auch eine Tasse. Ob ich mich danach wie eine Frau fühle?

Melkkühe

Valentinstag; im Blumenladen. Jede Menge Männer studieren das Blumenangebot.

Mann 1 *(vor sich hin murmelnd)*: Die reinste Blumen-mafia ist das. Abzocke, nichts als Abzocke.

Ein zweiter Mann lächelt von der anderen Seite des Blumenregals.

Mann 2: Die Kuh will gemolken werden.

Mann 1 *(laut)*: Wir sind doch alles arme Schweine. Stehen hier und müssen Blumen kaufen, und

die machen hier heute einfach mal Mond-
preise. Das ist wie mit den Benzinpreisen
zur Urlaubszeit.

Mann 2: Trotzdem kaufen hier heute alle Blumen.
Kannst ja nicht mit leeren Händen nach Hause kommen.

Mann 1: Natürlich nicht! Mich regt das so was
von auf: Am Ende zahlt immer der kleine
Mann. Ob er nun mit seinem Auto in den
Urlaub fahren will oder seiner Frau Blumen
schenken muss. Der Fall gehört vors Kartell-
amt.

Mann 2: Genau. Fünf Rosen für neun Euro. Die ham-
se doch nicht mehr alle.

Mann 1: Und immer auf die Männer. Ich will mal die
Frau sehen, die ihrem Mann Blumen zum
Wucherpreis mitbringt. Wir Männer sind
doch die Vollidioten der Nation.

Gute Gesellschaft

*19 Uhr auf dem Weihnachtsmarkt. Zwei Männer (circa 40 Jahre
alt) trinken Glühwein.*

Mann 1 *(hebt das Glas)*: So, dann sach ich mal, ne.

Mann 2 *(prostet zurück)*: Auf die Weihnachtszeit. Und
gute Nacht.

Mann 1: Ich finde, jetzt wo wir Kinder haben, bekommt
Weihnachten etwas von seinem Glanz zurück.
Ohne Kinder war das irgendwie nichts mehr,
aber jetzt finde ich sogar die Weihnachts-
lieder wieder schön.

Mann 2: Oh Gott, hör mir auf. Ich finde, mit Kindern
ist das noch viel schlimmer. Ich hab Weihnachten immer weitestgehend ignorieren
können und im Dezember einfach beide
Augen ganz fest zugedrückt. Aber jetzt geht
das nicht mehr.

Mann 1: Eben, und das ist doch schön! Ohne Kinder
war Weihnachten irgendwie etwas rein Kom-
merzielles, aber jetzt bekommt das Fest wieder einen Sinn.

Mann 2 *(lauter werdend)*: Alter, hast du heimlich vor-
geglüht, oder was? Gerade durch die Kinder
wird das alles superkommerziell. Wir haben
jetzt einen Adventskalender, übermorgen
kommt der Nikolaus, ständig werden Plätz-
chen gebacken. Das ist dermaßen verlo-
gen, sag ich dir, die reinste Werbeveranstal-
tung.

Mann 1: Also ich finds schön! Und guck uns doch mal
an, wann haben wir beide zuletzt zusammen

was getrunken und uns mal gepflegt unterhalten?

Mann 2 *(beruhigt sich)*: Also für mich ist der Dezember die unchristlichste Zeit im Jahr. Mit Ausnahme von uns beiden hier.

Leicht entzündlich

Mann und Frau vor dem Briefkasten im Hausflur eines Mehrfamilienhauses.

Mann: Also, schon wieder dieser ganze Werbemüll. Wir müssen endlich mal das Schild anbringen: Keine Werbung.

Frau: Aber wieso denn?

Mann: Für diese Prospekte werden ganze Regenwälder abgeholzt.

Frau: Für deine Zeitungen auch.

Mann: Ja, die les ich ja auch.

Frau: Die Prospekte les ich auch.

Mann: Das liest du? Unsere 400 Tiefpreisknaller?

Frau: Natürlich.

Mann: Bitte sag mir, dass das nicht stimmt. Du liest nie Zeitung, aber diese Prospekte???

Frau: Natürlich. Alle Frauen lesen die.

Mann: Umso schlimmer. Du solltest lieber mal Zei-
           tung lesen. Ich bring das Schild an.
Frau: Das lässt du schön bleiben. Ich lass mir
           meine schönen Prospekte nicht wegnehmen.
Mann: Ich fass es nicht. 400 Tiefpreisknaller.
Frau: Selber Knaller.

Argumentationsdruck

*Im Dönerladen. Ein junger Mann (ca. 30 Jahre) bestellt einen
gemischten Salat zum Mitnehmen.*

Verkäufer: Du, muss ich dir sagen, wir haben Preise
           erhöht. Kleine Salat kostet jetzt 4,50 Euro.
Kunde: Kein Problem.
Verkäufer: Damit sind wir immer noch unter durch-
           schnittliche Marktpreis.
Kunde: Ja, finde ich voll in Ordnung.
Verkäufer: Mussten wir machen, wir müssen auch
           von etwas leben. Ist ja mit Oliven, Brot
           und alles.
Kunde: Klar, 4,50 Euro sind absolut ok. Ist ja ein
           Riesensalat.
Verkäufer: Ist erste Preiserhöhung seit Jahren. Weißt
           du, auch wegen Inflation.

6. Wissensweitergeber

»Ein Leben ohne Wissen ist der Tod.«
(George Robertson)

»Ein Lothar Matthäus spricht kein Französisch.«
(Lothar Matthäus)

Eine der vielen erschütternden Erkenntnisse, die das Leben für uns bereithält, lautet, dass es zwei Sorten von Menschen gibt: Die einen interessieren sich für die Welt, sie wollen wissen, verstehen und erkennen. Die anderen nicht. Die Größenverhältnisse sind übrigens sehr ungleich: Eine sehr kleine Gruppe von Interessierten trifft auf eine sehr große Gruppe von Desinteressierten. Unserer Erfahrung nach sind dies Lebenseinstellungen, die sich nicht ändern und sich zueinander verhalten wie chinesische Mönche und albanische Zuhälter. Das wird in der Schule schon früh deutlich. Die einen stellen Fragen, diskutieren und vertiefen sich in ihre Aufsätze und Experimente. Die anderen stöhnen darüber, hören nicht zu und warten auf die Pause. In der Schulzeit hoffen die Wahrheitssucher noch, dass dieses Desinteresse an den schlechten Lehrern liegen könnte oder am langweiligen Stoff. Spätestens an der Uni wird ihnen klar: Es ist viel grundsätzlicher. Den meisten ist es einfach egal. Wissen ist nichts, was sie anstreben. Sie wollen sich eigentlich nur wohlfühlen und suchen sich die dafür passende Meinung. Zugegeben: Das ist ein Schock. Die Fassungslosigkeit darüber kann ein Leben lang anhalten. Denn beim Wahrheitssucher ist es genau umgekehrt. Missratene Erklärungen quälen ihn. Was er nicht kapiert, möchte er besprechen, was er entdeckt, möchte er teilen. Er braucht seine Mitmenschen, um im Prozess der Erkenntnis fortzuschreiten, und verzweifelt, wenn die anderen dann immer nur diesen leeren Blick haben. Mit der Zeit findet er sich mehr oder weniger damit ab. Aber eine Marotte bleibt: Er kann es nicht stehenlassen, wenn jemand etwas offensichtlich Unzutreffendes von sich gibt. Denn Schweigen bedeutet Zustimmung. Er muss sein Wissen in diesem Moment weitergeben. Der Desinteressierte ist aber nicht dankbar für die Belehrung, nein, er tut alles, um sich dagegen zu wehren. Entweder mimt er Zustimmung, ohne zugehört zu haben (*jaja… sowieso… genau…*), wechselt sofort das Thema (*ist ja auch egal...*) oder wiederholt einfach, was er vorher gesagt hat. Im besten Fall. Im schlechteren Fall hält er dem Wissensweitergeber vor, er rede zu viel, nerve tierisch und wisse immer alles besser. Ein seltsamer Vorwurf: Niemand weiß etwas »besser«. Tatsächlich weiß der eine etwas, der andere nicht. Von außen sieht es aus wie ein tragischer, weil unlösbarer Konflikt: Der Wahrheitssucher kann das Verlautbaren von Unsinn nicht akzeptieren. Und der Desinteressierte kann es nicht ausstehen, von wohlmeinenden Wahrheitssuchern bevormundet und bloßgestellt zu werden. Aber es gibt einen Ausweg. Unser Tipp: Tauschen Sie einfach mal die Rollen! Behaupten Sie in einer Runde von Desinteressierten, die deutsche Fußballnationalmannschaft sei erst ein Mal Weltmeister geworden, und zwar 1950 in Moskau. Im Endspiel gegen die Schweiz. Und Bundeskanzler Brandt hätte dem Nationaltrainer Günter Grass danach persönlich gratuliert mit den Worten: »Fußball ist ein einfaches Spiel: 22 Männer jagen 90 Minuten einem Ball nach, und am Ende gewinnen immer die Brasilianer.« Dann wird hoffentlich einer aus der Runde murmeln: »1950 war Brandt doch nicht Bundeskanzler. Das war Heuss!« – »Genau«, wird ein anderer Experte einwerfen und ein Auge halb öffnen. »Und das Zitat geht auch anders. Es heißt: Am Ende gewinnen immer die Holländer.«

Push your limits

Zwei Väter sitzen am Rande eine Spielplatzes auf der Bank und unterhalten sich.

Vater 1 *(stolz)*: Für Paula geht's beim Schaukeln immer ums Ganze. So hoch wie möglich und so schnell wie möglich, Angst kennt sie nicht.

Vater 2: Push your limits! Wobei man ja nicht schnell und langsam schaukeln kann.

Vater 1: Wieso das denn nicht?

Vater 2: Zumindest nicht, wenn man die Schaukel nicht verstellt. Wenn die Ketten gleich lang sind und man den Luftwiderstand nicht verändert, ist die Schwinggeschwindigkeit immer gleich.

Vater 1 guckt skeptisch.

Vater 2: Ist doch klar. Du kannst lediglich die Amplitude verändern, die Schwingfrequenz bleibt immer gleich.

Vater 1: Ist ja auch egal. Auf jeden Fall liebt sie das Schaukeln.

Walken al presto

Morgens in einem Park. Eine Gruppe Rentner will walken gehen, hat sich im Kreis aufgestellt und macht Dehn- und Aufwärmübungen.

Gruppenführer: So, die Herrschaften, dann wollen wir mal die Stöckchen zur Seite legen und noch ein bisschen die Arme auf Temperatur bringen.

Die Stöckchen werden zur Seite gelegt. Alle fangen an, auf der Stelle zu gehen, und halten ihre Hände vor den Körper.

Gruppenführer: So, jetzt strecken wir alle die Hände nach vorn und klatschen. Und immer schön im Rhythmus bleiben.

Älterer Herr: Du meinst im Tempo, Ingo. Nicht im Rhythmus, im Tempo!

Gruppenführer: Hauptsache, wir klatschen alle schön zusammen. Kommt Leute, ich gebe den Takt vor, und ihr klatscht alle mit.

Älterer Herr *(leicht außer Atem)*: Tempo, Ingo, Tempo. Takt ist auch wieder was anderes, glaube mir.

Gruppenführer *(lacht und schüttelt den Kopf)*: Da haben wir wohl einen Abiturienten unter uns, was?

Älterer Herr: Ach Ingo, die Sprache verfällt. Wenn wir Alten nicht drauf achten, werden es die jungen Leute nicht mehr richtig lernen. *(Atem-pause)*. Rhythmus ist so was wie lang, kurz, kurz, lang. Der Takt ist hingegen so was wie Walzer, sprich Dreiviertel. *(Atempause)* Was du hier meinst, ist schlicht das Tempo.

Gruppenführer *(lacht)*: Welches du bei dem ganzen Gerede gleich nicht mehr halten kannst! Aber danke dir für die Aufklärung, und jetzt wollen wir mal loslegen.

Schwärmerei

Vor einer Eisdiele sitzen ein Kind und ein Vater und teilen sich ein Eis. Das Kind kleckert ein wenig, schaut auf den Boden und zeigt mit dem Finger nach unten.

Kind: Kohlmeisen!

Vater: Das sind doch keine Kohlmeisen, Schatz. Das sind Ameisen.

Kind: Ameisen!

Vater: Genau. Kohlmeisen sind ja Vögel.

Kind: Da. Kohlmeisen.

Vater: Nein, das hier auf dem Boden, das sind Ameisen. Das sind eigentlich gar keine Meisen. Ameisen können ja nicht fliegen.

Pause.

Vater: Na ja, zumindest meistens nicht. Es gibt allerdings eine Zeit im Jahr, dann können auch Ameisen fliegen. Zumindest die männlichen. Glaube ich.

Kind: Kohlmeisen!

Musikpädagogik

In der Musikschule für Kleinkinder. Eltern sitzen mit ihren Kindern im Kreis und singen. Ein Kind fragt nach der »Drommel«.

Vater: Das Instrument heißt Trommel, mein Schatz, wir sind hier ja nicht bei den Sachsen. Trommel mit einem großen »T« am Anfang. So wie der Tee zum Trinken. Nicht mit Kaffee, sondern mit T.

Mutter: Hör mal auf, du bringst sie noch ganz durcheinander. *(Zum Kind gewandt:)* Ich hole dir die Trommel, mein Schatz.

Vater: Du meinst das Tamburin. Das fängt ja auch mit einem großen T an. So wie die Trommel. Oder eben auch der Tee.

Mutter: Matthias, sie ist gerade mal drei Jahre alt, jetzt mach mal halblang.

Vater: Also, wenn das hier eine Musikschule sein
           soll, dann muss man die Instrumente schon
           richtig benennen. Ein Tamburin ist doch keine
           Trommel. Eine Geige ist ja auch keine Gitarre.
Die Mutter schaut ihn fragend an.
Vater: Und wo wir schon mal dabei sind: Das, was
           du da gerade vom Regal genommen hast, ist
           kein Tamburin, sondern ein Schellenring.

Botanische Sensibilität

Im Gartenfachmarkt. Ein Kunde schaut sich verschiedene Pflanzen an und spricht einen Mitarbeiter an.

Kunde: Entschuldigen Sie bitte, ich suche eine be-
           stimmte Blume und bin mir nicht sicher,
           ob Sie die dahaben.
Verkäufer: Ja, das kann ich so auch noch nicht sagen.
           Um was für eine Blume handelt es sich
           denn?
Kunde: Also, ich weiß nicht, wie sie heißt, aber ich
           kann sie Ihnen beschreiben. Sie ist etwa
           so hoch *(er zeigt mit den Fingern circa
           zehn Zentimeter an)*, wächst im Gras und
           ist wunderschön blau.

Verkäufer: Hmm. Blau. Darf ich Sie korrigieren? Sie
              meinen doch sicher blau blühend, oder?
Kunde: Ja, natürlich. Die Pflanze selbst ist natür-
              lich grün.
Verkäufer: Das hab ich mir gedacht. Und ich habe Sie
              natürlich auch verstanden, aber ich bin
              in dem Punkt etwas sensibel. Fast alle
              drücken sich da falsch aus.
Der Kunde guckt erstaunt.
Verkäufer *(ruhig)*: Na ja, denken Sie nur mal an Nana
              Mouskouris Lied »Weiße Rosen aus Athen«.
              Frau Mouskouri irrt. Sie meint natürlich
              grüne Rosen mit weißer Blüte.
Kunde: Sehen Sie das nicht etwas zu eng? Ich
              meine: Jeder versteht doch, was gemeint
              ist, oder?
Verkäufer: Weil Frau Mouskouri Deutsch nicht als
              Muttersprache spricht, nehme ich ihr das
              nicht krumm. Aber ihr Plattenproduzent,
              der hätte doch mal darüber nachdenken
              müssen! Es gibt weder rote Rosen, noch
              gibt es weiße! Heino ist da präziser,
              wenn er singt: »So blau blau blau blüht der
              Enzian«!

Latte mit alles

Ein studentisches Pärchen steht händchenhaltend in einem Café am Tresen.

Er *(zu ihr gewendet)*: Möchtest du auch einen Latte Macchiato, oder nimmst du einen Cappu?

Sie: Für mich eine Latte, bitte.

Er: Mit irgendwas rein oder pur?

Sie: Pur.

Er *(zur Bedienung)*: Moin. Einen mittleren Latte Macchiato mit Karamell und einen mittleren ohne alles, bitte.

Sie *(zu ihm gewendet, leise)*: Nicht einen, sondern eine. Die Latte ist feminin, so wie bei uns auch die Milch feminin ist.

Er *(ebenfalls leise)*: Ich weiß, aber ich finde das irgendwie peinlich. Es klingt so angeberhaft gebildet. Ich bestell auch immer zwei Espressos. Oder einen Döner mit alles.

Weniger ist mehr

Im Fischladen; an der Angebotspreistafel verändert ein Fischverkäufer den Preis für 1 Kilo Schellfisch von 9,90 Euro auf

13,90 Euro. Zwei ältere Männer in der Warteschlange beob-
achten das aufmerksam. Einer von ihnen hat einen Jutebeutel
mit dem Aufdruck »Nationalpark Wattenmeer« in der Hand, der
andere trägt einen Korb.

Mann mit Beutel: Guck mal, Fisch wird auch immer
            teurer.

Mann mit Korb: Stimmt. Zum Glück brauch ich nur
            Seelachsfilet, da bleiben die Preise hoffent-
            lich noch ein paar Minuten stabil.

Beutel: Wer weiß, wer weiß. Vielleicht ist das schon
            die Inflation? Bei der D-Mark hätte es das
            nicht gegeben, die war hart.

Korb: Der Euro ist auch hart! Mit Inflation hat das
            hier nichts zu tun. Eher mit der Überfischung
            der Meere. Wenn das so weitergeht, schwimmt
            da bald nichts mehr rum.

Beutel: Und deswegen wird jetzt der Schellfisch
            teurer?

Korb: So ist das. Wird der Fisch knapp, steigen die
            Preise! Angebot und Nachfrage, mein Lieber.
            Wenn wir alle weniger Schellfisch essen, er-
            holen sich die Bestände. Und dann sinken
            auch wieder die Preise.

Beutel: Ich glaub nicht, dass die Preise wieder sin-
            ken.

Rosa Brille

Auf dem Spielplatz. Zwei kleine Mädchen schaukeln und unter-
halten sich, ihre Väter stehen daneben.

Blondes Mädchen: Meine Lieblingsfarbe ist Lila. Und
    Rosa. Und Rot.

Dunkelhaariges Mädchen: Meine Lieblingsfarbe ist
    Braun.

Ein Vater lächelt.

Dunkelhaariges Mädchen: Nee, Braun ist Papas Lieb-
    lingsfarbe. Meine Lieblingsfarbe ist Rosa.

Blondes Mädchen: Meine Lieblingsfarbe ist Rosa und
    Lila. Und Grün.

Dunkelhaariges Mädchen: Meine Lieblingsfarbe ist
    Rosa, Braun und Schwarz.

Blondes Mädchen: Schwarz ist doch Quatsch mit Soße.

Vater (stolz): Sehr gut, Mäuschen. Schwarz ist gar keine
    Farbe.

Dunkelhaariges Mädchen *(schnippisch)*: Doch, Schwarz
    ist meine Lieblingsfarbe.

Vater: Na ja, eigentlich ist Schwarz keine Farbe,
    sondern das Fehlen von Farbe. Blätter wir-
    ken zum Beispiel. grün, weil sie grüne Licht-
    wellen reflektieren. Und wenn etwas gar kein
    Licht reflektiert, dann ist es schwarz. Und
    damit farblos.

Die Mädchen schauen den Vater fragend an.
Dunkelhaariges Mädchen: Also meine Lieblingsfarbe
     ist Schwarz! Und Rosa.

Höhere Gewalt

Jüngerer Mann und älterer Mann nebeneinander in der U-Bahn.

Jüngerer: Also, diese Typen, die die Finanzkrise ver-
     ursacht haben... denen geht's blendend!
     Die sind alle nach oben gefallen.
Älterer: Klar, was sonst.
Jüngerer: Zum Beispiel dieser Funke von der Hypo
     Real Estate. Wir mussten die mit Milliar-
     den retten. Aber Funke, der die Bank in die
     Pleite geritten hat, kriegt erst 'ne Riesen-
     abfindung. Und jetzt vermakelt er Luxus-
     villen auf Malle.
Älterer: Ja, aber damit kommt er nicht durch.
Jüngerer: Doch! Sag ich doch. Er kommt damit durch!
Älterer: Nee, nee. Der kriegt seine Strafe.
Jüngerer: Was für 'ne Strafe denn bitte?
Älterer: Da gibt's Pläne.
Jüngerer: Hä?

Älterer: Die sacken den ein. Und dann geht's ihm an den Kragen. Ihm und den ganzen anderen Blutsaugern.

Jüngerer: Wer sackt die ein? Wovon redest du?

Älterer *(leiser)*: Außerirdische. Die haben sich in Stellung gebracht. Die kreisen schon um die Erde. Und die haben den Funke schon im Visier.

Jüngerer: Was 'n das fürn Schwachsinn!

Älterer *(noch leiser)*: Das ist kein Schwachsinn. Da gibt's 'ne eigene Webseite zu. Ein Freund von mir is' Taxifahrer. Der is' da totaler Experte. Der hat mir das alles genau erklärt. Die werden demnächst alle abgeholt.

Jüngerer *(etwas verunsichert)*: Abgeholt?

Älterer: Wart's ab. Edi weiß Bescheid. Der hat das alles gelesen. Auf dieser Webseite.

Jüngerer: Hab ich noch nie von gehört.

Älterer: Natürlich nicht. Glaubst du, die Aliens sind so blöd und posaunen das vorher raus?

7. Traditionsbewahrer

»Tradition ist Schlamperei.«
(Gustav Mahler)

»Mia san mia.«
(Bayerische Volksweisheit)

Nein, wir werden nicht auf den armen Kerlen herum-
hacken, die bereits am Boden liegen. Bei uns sind so
verdammt wenige Traditionen übrig, die darf man
auch mal verteidigen. Was haben wir denn noch?
Gartenzwerge und Kuckucksuhren sind nur noch blas-
se Erinnerungen. Blaskapellen, Männerchöre und
Schützenvereine haben nur in strukturschwachen,
ländlichen Gegenden überlebt. Und in D-Mark rechnet
nur noch die Ü70-Generation um (na gut: schon bald
ein Drittel der Gesamtbevölkerung). Was ist heute
typisch deutsch? Die italienische Eisdiele, der türki-

sche Gemüsehändler und das Chinarestaurant aus Taiwan.

Umso wichtiger, sich mit aller Macht dagegen zu wehren, was uns jetzt noch alles aufgedrückt werden soll: amerikanische Freundlichkeit, Musik-Flatrates, Anglizismen und Piercings. Wir bleiben standhaft: Ungepierct, schlechtgelaunt und ohne englische Lehnwörter kaufen wir mit Bargeld Schallplatten und hoffen darauf, dass sich unser Gegenüber nicht mit Geschichte und Anthropologie auskennt. Weil Deutsch so spät entstand und das Wissen sich anderswo entwickelte, haben unsere Vorfahren immer Lehnwörter aus der jeweiligen Weltsprache übernommen, erst aus dem Lateinischen, dann aus dem Französischen, später aus dem Englischen. Und Piercings und Tattoos prägten nicht nur das Stadtbild im alten Rom und Babylon. Ethnologen zählen diese Körpermodifikationen zu den universalen Konstanten, die man in jedem einzelnen Stamm seit Anbeginn der Menschheit findet.

Aber mal ehrlich: Was interessieren uns Buschindianer? Mia san mia. Wir machen das, was wir schon immer so gemacht haben. Und zwar *weil* wir es immer schon so gemacht haben. Finden Sie dagegen erst mal ein Argument! Wir lernen Vokabeln, essen ungechlorte Hühnchen, abonnieren unsere Lokalzeitung, zahlen Lehrgeld und gehen zu Weihnachten in die Kirche. Und was soll das überhaupt sein: *Anthropologie*?

In der Phrasen-Falle

Zwei Männer kommen sich in der Fußgängerzone entgegen, er-kennen sich im letzten Moment und bleiben stehen.

Mann 1: Frank!

Mann 2: Per, altes Lasso.

Mann 1: Lange nicht gesehen. Und, alles gut?

Mann 2: Blöde Frage, Per, blöde Frage.

Mann 1: Oh, sorry, ich wollte nicht unhöflich sein.

Mann 2: Nee, alles gut, mir gehts nur um dieses widerliche Gute-Laune-Gesabbel. Die Frage sollte lauten »Wie geht es dir?« und nicht »Alles gut?«! Bist du eigentlich noch Bera-ter?

Mann 1: Sorry, Mann, sorry. Ich wollte dir nicht zu nahe treten. Wollte nur wissen, wie es dir geht.

Mann 2: Eben nicht. Das interessiert dich doch auch gar nicht. Ist auch in Ordnung so, mich inte-ressiert ja auch nicht, wie es dir geht. Mir geht's nur um die Formulierung. Das ist nicht neutral gefragt.

Mann 1 *(im Weitergehen)*: Ach Frank, immer noch der Alte. Schön, dich mal wieder gesehen zu haben. Halt die Ohren steif!

Vom Sinn der Idiotie

Vater (Mitte 40) mit Sohn (ungefähr zwölf Jahre alt) im Café.

Vater: Sag mal, ich hab gehört, du findest die neue Sido-CD so toll?

Sohn: Die ist richtig cool, Papa. Sido bockt total.

Vater: Schön... soll ich sie dir vielleicht zu Nikolaus schenken?

Sohn *(lacht)*: Papa, wieso das denn?

Vater: Äh – oder hast du sie schon?

Sohn: Papa, ich benutz doch keine CDs mehr.

Vater: Und wieso nicht?

Sohn: Ich hab doch Spotify!

Vater: Du hast was?

Sohn: Spotify. Da kann ich für zehn Euro im Monat alle Musik der Welt hören. Zum Beispiel alle Sido-Alben.

Vater: Für zehn Euro?

Sohn: Ja!

Vater *(überlegt)*: Aber... wie soll denn noch irgendein Musiker davon leben?

Sohn: Sido lebt ganz gut davon.

Vater: Ja, weil die meisten Leute noch nicht dieses Spotify haben.

Sohn: Eben. Und von diesen Idioten können die Künstler dann leben.

Wahres Understatement

Mann und Frau (beide ca. 45 Jahre) in Business-Kleidung am Stehimbiss.

Er: Ich sag's dir: Wer Fachwörter und zu viele englische Begriffe verwendet, hat 'nen kleinen Schwanz. Die machen einen auf dicke Hose, um von gewissen Unzulänglichkeiten abzulenken.

Sie: Ich find es auch albern, wenn die Leute ihre Kompetenz betonen wollen, indem sie eine besondere Fachsprache verwenden. Zum Beispiel Werber. Oder Anwälte. Oder auch Ärzte.

Er: Absolut. Handwerker sind aber auch nicht besser. Wir haben ja letztens unser Dachgeschoss ausbauen lassen; die haben mir dermaßen einen vom Pferd erzählt, ich hab kein Wort verstanden.

Sie: Echt?

Er: Na klar, die haben alle Potenzprobleme, sonst würden die nicht so reden.

Sie: Gärtner machen so was aber nicht. Zerstör mir nicht meine Fantasie.

Er: Natürlich auch. Das machen eigentlich alle. Außer mir natürlich. Ich bin Man of the Match, ich hab so was nicht nötig.

Voulez-vous?

Elternabend in der neunten Klasse. Der Französischlehrer erläutert seine Planung fürs nächste Schuljahr. Eine Mutter meldet sich.

Mutter: Ich hab da mal 'ne Frage. Die Schüler sind ja jetzt schon in der Neunten, da müssen sie doch langsam auch mal eigenständig Vokabeln lernen. Wie kommunizieren Sie das?

Lehrer: Na ja, die Vokabeln lernen wir ja hauptsächlich im Unterricht. Und dann zu den Vokabeltests.

Mutter: Ja, aber das reicht ja nicht. Wir sind neunte Klasse. Da hatte ich mit Nico jetzt schon mehrere Auseinandersetzungen, weil er einfach nicht einsehen will, dass er regelmäßig Vokabeln lernen muss. Auch ohne Test. Sagen Sie das den Schülern?

Lehrer: Also, wir wollen die Schüler ja nicht überfordern. Weil wir ja wissen, wie viel sie auch in den anderen Fächern zu tun haben.

Mutter: Ja, aber die Vokabeln müssen doch gelernt werden! Am besten täglich! Sagen Sie das den Kindern?

Lehrer: Also, wir versuchen, möglichst alltagsnahe

Vokabeln lernen zu lassen. Jetzt zum Beispiel gerade Gemüse.

Mutter: Das ist doch keine Antwort! Ich möchte jetzt mal Ihre Vorgabe wissen: Wie oft sollen die Schüler Vokabeln lernen?

Lehrer: Also, das hängt ja vom individuellen Schüler ab. Das kann man so allgemein nicht sagen. Manchem fällt es leicht, dem andern schwer.

Mutter: Also, eine halbe Stunde pro Tag? Oder pro Woche?

Lehrer: Das wäre sicherlich nicht schlecht.

Mutter: Also, aus meiner Sicht ist eine halbe Stunde pro Tag das absolute Minimum! Können Sie das bitte den Schülern mal klipp und klar sagen?

Lehrer *(zögert)*: Also, von starren Festlegungen halte ich ehrlich gesagt wenig.

Lehrgeld

Eine Rentnerin und ihr Sohn mittleren Alters sitzen im Café.

Rentnerin: Und? Wie geht's Leon?

Sohn: Hat jetzt grad mit seiner Ausbildung angefangen. Als Restaurantfachmann.

Rentnerin: Du meinst als Kellner.

Sohn: Ja. Das ist vielleicht 'ne Ausbeutung. Nach allen Abzügen und Busticket bleiben ihm grad mal 320 Euro.

Rentnerin: 320 Euro? So viel?

Sohn: Na hör mal, das sind bei 160 Stunden im Monat zwei Euro Stundenlohn. Da hab ich ja 1984 in der Baumschule noch mehr verdient.

Rentnerin: 320 Euro? Das sind 640 Mark! Als Teenager! Was will er denn bloß mit dem ganzen Geld?

Sohn: Mutti, die Mark gibt es schon seit vielen Jahren nicht mehr.

Rentnerin: Zahlt er jetzt wenigstens Miete?

Sohn: Wieso sollte er Miete zahlen?

Rentnerin: Dafür, dass er bei euch wohnt! Ich musste 1960 noch 50 Mark zu Hause abgeben von dem, was ich damals verdient hab.

Sohn: Also, Leon muss nichts abgeben.

Rentnerin: Früher musste man für 'ne Ausbildung Lehrgeld zahlen! Und weißt du, wie hoch Papis erstes Gehalt als Lehrer war? 300 Mark!

Sohn: Ja. Aber heute kostet schon eine G-Star 150 Euro. Also 300 Mark.

Rentnerin: Eine was?

Christliche Tradition

Auf dem Weihnachtsmarkt. Ein Mann und eine Frau (circa 45 Jahre alt) stehen an einem Tisch neben dem Bratwurststand und trinken Glühwein.

Mann: Und, was macht ihr am Heiligabend so?

Frau: Oh, das ist bei uns Tradition: Manfred geht mit den Kindern mittags an die Alster, so dass ich in Ruhe den Baum schmücken kann. Nachmittags gibt's Pfannekuchen, dann ist Bescherung. Wenn wir damit durch sind, gibt's Karpfen, und danach geht's dann mit alle Mann in den Gottesdienst.

Mann: Ist nicht dein Ernst.

Frau: Doch, das ist bei uns Tradition. Ich liebe den Weihnachtsgottesdienst, ich finde das sehr besinnlich, da kommt so richtig Weihnachtsstimmung auf.

Mann: Also, ich weiß nicht.

Frau: Doch, du musst mal mitkommen. Die Predigt letztes Jahr zum Beispiel, die war richtig gut. So mit der Jesus-Geschichte und dann aber auch aktuelle Themen wie Terror und Integrationsprobleme und so. Ohne den Gottesdienst wäre Weihnachten kein Weihnachten, das ist so eine Art innere Einkehr, die da stattfindet.

Mann: Geht ihr sonst auch in die Kirche?

Frau: Nein, sonst nicht. Früher sind wir noch zu Ostern manchmal gegangen, aber seit ich aus der Kirche ausgetreten bin, gehen wir nur noch zu Weihnachten.

Die neuen Spießer

An der Kinokasse. Eine konservativ gekleidete Frau (etwa 40 Jahre alt) spricht mit ihrem Begleiter (etwa Mitte 30).

Frau: Also, ich find die total klasse. Die ist richtig crazy drauf! Hat sogar ein Nasenpiercing.

Mann: Das ist nicht crazy, das ist dämlich.

Frau: Ich würde mir jetzt auch keines stechen lassen. Aber sie macht das einfach. Die interessiert nicht, was die anderen denken. Das find ich schon verrückt.

Mann: Was ist denn daran verrückt?

Frau: Na, dass sie sich nicht von der Meinung der anderen beeinflussen lässt. Die ist nicht so eine langweilige Spießerin wie Sie oder ich.

Mann: Für mich ist sie ein Paradebeispiel für Spießigkeit. Gerade wegen des Piercings. Es gibt doch nichts Spießigeres, als gepiercт zu sein.

Frau *(erstaunt)*: Finden Sie?

Mann: Es geht doch darum, ob man uniformiert ist oder nicht. Wer nun bewusst nicht-uniformiert ist, der ist gerade dadurch besonders uniformiert.

Frau: Hä?

Mann: Na, wer sein Nicht-uniformiert-sein-Wollen durch Accessoires wie Piercings, Tattoos oder andere Auffälligkeiten zur Schau stellt, ist dadurch Teil einer uniformen Gruppe. Und damit ein Spießer.

Frau: Das ist mir zu hoch. Ich find die jedenfalls echt klasse.

Differenzieren

Kleingartensiedlung gegenüber einer Trabrennbahn. Zwei Männer (circa 40 Jahre alt) unterhalten sich auf einer Sitzbank in einer Kleingartenanlage.

Mann mit Schlapphut: Weißt du, was ich mir gestern mitgebracht habe?

Mann mit Karohemd: Watt vom Chinesen?

Schlapphut: Nee, Pferdeäppel! Einen ganzen Eimer voll. Feinster Pferdepups, ganz frisch!

Karohemd: Darfste aber nicht gleich aufs Beet werfen! Mist muss sich immer erst setzen.

Schlapphut: Wo denkst du hin! Ich hab die schön auf den Kompost geworfen. Das wird der beste Kompost aller Zeiten!

Karohemd: Nicht schlecht, nicht schlecht. Wo haste denn die Äppel her? Hier von der Trabrennbahn?

Schlapphut: Bin ich denn bekloppt? Diese Rennpferdkacke ist doch voller Amphetamine, Hormone und Antibiotika. Nee, mein Lieber, die Pferdeäppel hab ich mir schön vom Ponyhof mitgebracht.

Karohemd: Respekt. Bei Pferdekacke muss man heutzutage nämlich echt aufpassen, da ist auch viel Scheiß mit dabei!

8. Meinungshaber

»Kein Mensch kann sie wissen, kein Jäger erschießen
Es bleibet dabei: Die Gedanken sind frei!«
(Deutsches Volkslied)

»Es ist ein Grundbedürfnis der Deutschen, beim Biere
schlecht über die Regierung zu reden.«
(Otto von Bismarck)

Es ist ein einziges Elend. In der Firma sitzt man seit
zehn Jahren am selben Schreibtisch, die Kinder wollen
das neue iPad, die Frau möchte schon wieder an die
Nordsee, die Lebensversicherung hat die Überschuss-
beteiligung gestrichen, das Mückengitter ist kaputt,
die Nachbarstochter übt Geige, der Balkon wird von
Ameisen besiedelt, und dann verliert auch noch
Deutschland gegen Polen. Der freie Mensch findet
sich in einem Dasein wieder, in dem er nichts, aber

auch gar nichts zu sagen hat. Und das ihm nur einen Ausweg lässt, irgendwie seine Würde zu behaupten: zu allem ausführlich etwas zu sagen. Wie es ist, wie es sein könnte, wie es zu sein hätte und was dafür zu tun wäre. Die eigene Meinung erlöst uns für Sekunden aus dem Gefühl der Ohnmacht und erhebt uns zum König – wenn auch nur im Konjunktiv. Reus ins Mittelfeld, Kopftuch verbieten, Krim zurückerobern, Hartz-4-Faulenzer abschieben und die Griechen raus aus der Eurozone! Oder doch lieber Hartz-4-Faulenzer verbieten, Kopftücher raus aus der Eurozone, Griechenland zurückerobern, die Krim ins Mittelfeld und Reus abschieben? Egal. Entscheidend ist: möglichst ruppig auftreten und keinen Zentimeter von der eigenen Position weichen. Nicht Nachdenken zählt, sondern Durchhalten, gradlinig und unbeugsam. Und vor allem: nichts auslassen! Lanz und Konz, Hitler und Gandhi, Autobeulen und Kondome, Salafisten und Waldorfschüler: Sie alle haben eine ordentliche Meinung verdient. Vor allem die salafistischen Waldorfschüler. Je mehr Themen Sie abdecken, umso souveräner kommen Sie rüber. Zwischendurch noch eine geflüsterte Verschwörungstheorie über den elften September, den Sturz Helmut Schmidts und den Wetterbericht – und Sie können sich vor heimlichen Bewunderern kaum noch retten. Schnickschnack wie Logik oder Sachkenntnis sind dabei nur hinderlich. Wenn Sie keine Ahnung haben – einfach mal loslabern. Hinterher fühlt man sich einfach besser!

Freie Rede

Zwei Männer um die 50 in einer Dorfkneipe in Rheinland-Pfalz.

Mann 1: Also mit der Politik ist es so. Da red ich nicht drüber.

Mann 2: Wieso das denn nicht?

Mann 1: Das kann ich dir ganz genau sagen. Weil: Ich hab meine Meinung. Die hab ich. Und da muss ich mit niemandem drüber reden.

Mann 2: Klar.

Mann 1: Da lass ich mir von niemandem reinreden. Das ist nix gegen dich persönlich. Ich lass mir da einfach nich reinreden. Weil: das is' eben meine Meinung.

Mann 2: Natürlich.

Mann 1: Und da können die andern noch so viel reden. Da kriegen sie mich nicht von weg. Ich seh das eben so. Punkt. Ende der Durchsage.

Mann 2: Logisch.

Mann 1: Und ich denk mir: Lass die andern ruhig reden. Ich bleib bei meiner Meinung. Da bringt mich keiner von weg. Sollen sich die andern streiten.

Mann 2: Geht mir ganz genau so.

Der Spargel im Wandel der Zeit

Eine gesellige Runde sitzt bei einer Privatparty zusammen und plaudert.

Mann 1: Hat jemand eine Ahnung, wie Gandhi zum Kastenwesen stand? Hatte er eine öffentliche Meinung dazu?

Mann 2: Keine Ahnung, vermutlich nicht. Das war bestimmt so wie mit Hitler und der Spargelzeit. Auch unter den Nazis war 12 Mal Spargelzeit.

Mann 1 *(aufbrausend)*: Willst du jetzt Hitler mit Gandhi vergleichen oder was?

Mann 2: Im Gegenteil! Chiasmus, Alter, Kreuzstellung.

Mann 1: Versteh ich nicht.

Mann 2: Unter Guten gab's was Schlechtes, und unter Schlechten gab's was Gutes! Gandhi ist der Spargel, ist doch klar.

Effiziente Verhütung

In der S-Bahn. Zwei etwa 35-jährige Männer unterhalten sich stehend. Einer von ihnen trägt eine vollgepackte Einkaufstüte.

Mann mit Tüte: Viele Frauen mit Kindern lassen sich ja eine Spirale setzen. Zumindest bei uns im Bekanntenkreis ist das total verbreitet.

Mann ohne Tüte: Was du alles so weißt.

Mann mit Tüte: Hat Marion mir erzählt. Die Mädels reden da wohl ganz offen drüber und rennen auch alle zum gleichen Frauenarzt, glaube ich.

Mann ohne Tüte: Also ich weiß nicht. Ich würde mir da nix unten einmontieren lassen. Überhaupt finde ich diese Hormon-Sachen unheimlich. Ich finde eigentlich die guten alten Gummis am besten.

Mann mit Tüte: Ist nicht dein Ernst. Die sind doch so was von abturnend.

Mann ohne Tüte: Wieso das denn? Kondome sind voll ok, höchstens etwas teuer auf die Dauer.

Mann mit Tüte: Meinst du? Die Kosten fallen doch nur an, wenn man Sex hat. Die Pille muss man jeden Tag nehmen, auch wenn nichts läuft. Ganz schöne Verschwendung.

Zwei gute Argumente

Ein großer, athletischer Mann und ein kleiner Übergewichtiger in der Schlange zum Buffet auf einer Hochzeitsfeier.

Großer *(gesenkte Stimme)*: Hast du 'ne Ahnung, warum die jetzt geheiratet haben?

Kleiner *(noch leiser)*: Weißt du das nicht?

Großer: Was?

Kleiner: Jacqueline ist doch schwanger!

Großer *(erstaunt)*: Okay …

Kleiner: Was ist denn mit dir und Johanna? Wollt ihr nicht auch bald mal Kinder?

Großer: Auf keinen Fall.

Kleiner: Und wieso?

Großer: Wir gehören zu diesen Brutverweigerern. Johanna will Kindern diese Welt nicht zumuten.

Kleiner: Und du?

Großer: Ich will dieser Welt keine Kinder zumuten.

Auf die Bildung kommt es an

Ein paar Nachbarn grillen gemeinsam im Garten.

Älterer Nachbar: Letztes Wochenende haben sie bei

Ackermann eingebrochen. Hinten durch die Terrassentür, alles kaputt.

Junge Nachbarin: Das ist so furchtbar, wie oft hier in der letzten Zeit eingebrochen wird. Bei Bernd haben sie ja das Navi aus dem Auto geklaut.

Älterer Nachbar: Als ob es hier in den Häusern was zu holen gäbe. Ist ja nicht gerade ein Villenviertel hier.

Junge Nachbarin: Das ist echt so dämlich. Da sieht man mal, dass die meisten Einbrecher keine vernünftige Ausbildung haben.

Ein anderer Nachbar schaut sie fragend an.

Junge Nachbarin: Ich mein, das kann sich doch nicht lohnen. Die finden hier doch keine Goldmünzen oder so. Am Ende haun die mit 'ner Kette und 'ner alten Digitalkamera ab, für die sie auf dem Schwarzmarkt vielleicht 50 Euro bekommen. Das lohnt doch nicht!

Älterer Nachbar: Und Sie meinen, mit einer besseren Bildung wäre das alles nicht passiert?

Junge Nachbarin: Na klar. Dann ist auch dem blödesten Einbrecher klar, dass sich das Einbrechen hier nicht lohnt. Es geht ja auch um Effizienz und Ressourceneinteilung. Wenn man schon einbricht, dann muss es sich auch lohnen!

Zusammenschweißendes Erlebnis

Zwei Männer (etwa 55 Jahre alt) stehen mit ihren Einkäufen in einem Parkhaus am Automaten, einer sucht fluchend nach Kleingeld.

Suchender: Scheißparkautomaten. Wieso soll man überhaupt fürs Parken hier zahlen? Solln die das doch auf die Verkaufspreise in den Läden umlegen. Immer dieses Gewarte und Gesuche hier.

Anderer: Ich mag Parkhäuser sowieso nicht. Ist immer so eng beim Ein- und Ausparken.

Suchender: Du hast Sorgen! Meine bessere Hälfte ist letztens beim Ausparken voll gegen so einen Pfeiler gefahren.

Anderer: Ach du Scheiße. Mit dem neuen Polo?

Der Suchende nickt.

Anderer: Und? Schlimm?

Suchender: Nee, wir ham ja Vollkasko. Aber mich ärgert das. Weißt du, was meine Alte sagt?

Anderer: Na?

Suchender: Schatz, sagt sie, langsam werden der Polo und ich Freunde. Ein Auto ohne Beule ist einfach nur ein Auto wie jedes andere auch. Ein Auto mit Beule hingegen hat Charakter!

Anderer: Frauen.

Entwaffnende Analogie

Mittagstisch beim Schlachter. Zwei Männer in Anzügen essen eine Erbsensuppe und plaudern.

Mann mit gestreifter Krawatte: Und, habt ihr schon gepackt? Wann geht es noch mal los?

Mann mit einfarbiger Krawatte: Erst übermorgen. Inge hat aber schon angefangen zu packen.

Gestreifte Krawatte: Zwei Wochen Kalifornien. Ihr könnt das gut haben.

Einfarbige Krawatte: Bin mal gespannt, ob man da was von der Hurricane-Sache mitbekommt. Angeblich ist ja ganz Hawaii evakuiert.

Gestreifte Krawatte: Echt schlimm, diese Stürme. Aber immerhin funktionieren die Warnsysteme. Dann können sich die Leute rechtzeitig drauf vorbereiten.

Einfarbige Krawatte: Stimmt. Nicht so wie bei Pearl Harbour.

Sonnige Aussichten

Ein Montagmorgen im Juli; draußen regnet es stark. Ein Kunde
kauft Brötchen beim Bäcker.

Verkäuferin: Na, das ist ja wieder Mal ein Scheißwetter. Regen und kalt.

Kunde: Ach, das wird schon. Zum Wochenende
soll's wieder besser werden.

Verkäuferin: Heute ist Montag!

Kunde: Ja, schon. Aber lieber Regen am Montag
als am Wochenende.

Verkäuferin: Die ham letzten Montag auch Sonne fürs
Wochenende angesagt, und dann hat's die
ganze Zeit geregnet. Ein Scheißsommer
ist das.

Kunde: Das mit der Wettervorhersage ist mir
auch schon aufgefallen. Angeblich soll
es am Wochenende immer gut werden,
und je näher es rückt, desto weniger gut
wird die Vorhersage.

Verkäuferin: Wenn ich das Geld hätte, würde ich aus-
wandern.

Kunde: Ich hab da 'ne Theorie. Ich glaub, Angela
Merkel gibt dem Wetterbericht regelmäßig die Anweisung, Sonne in Aussicht
zu stellen. Um die Leute zu motivieren.

Verkäuferin: Die Merkel?

Kunde: Ja klar. Sonst sind die Leute Montagmor-
              gens immer schon schlechtgelaunt. So
              halten sie durch, weil sie immer glauben,
              es wird irgendwann besser.

Die Verkäuferin guckt nachdenklich.

9. Trickvirtuosen

*»Schlangenei und Krötendreck,
was grad hier war, ist jetzt weg.«
(Zauberspruch)*

*»Kostenlose Werbung ist preisgünstig.«
(Ferengi-Erwerbsregel)*

Meinungen sind schon schwer beeindruckend. Noch imponierender ist es allerdings, wenn man Tricks beherrscht, von denen andere noch nie gehört haben. Also nicht die drei ganz legalen Steuertricks, die jeder kennt: Zinsfreibeträge von Kleinkindern ausschöpfen, jeden Gang zum Supermarkt als Betriebsreise deklarieren und die Ehefrau als haushaltsnahe Dienstleistung absetzen. Nein, es müssen schon richtige Tricks sein: Sportlichkeit vortäuschen. Wechselgeld einbehalten. Das Unschuldslamm mimen. Und die große

PR-und-Marketinglinie entwerfen, ohne überhaupt das Produkt zu kennen.

Man kann an Tricks glauben oder nicht, man kann ihre Anwender bewundern oder verachten. Diejenigen, die an Tricks glauben, sind aber keineswegs eine homogene Gruppe. Nein, sie zerfallen noch einmal in drei grundverschiedene Untergruppen. Die Ich-wäre-so-gerne-wie-Leonardo-di-Caprio-Fraktion verbringt ihr Leben mit Büchern über Mentaltraining, Zeitmanagement und Selbstcoaching: *In sieben Jahren zur ersten Million. Sixpack in fünf Wochen. Alle Lebensziele in zehn Minuten.* Der Ertrag dieser Mühen nähert sich leider Null. Denn wenn die Autoren tatsächlich über geheime Erfolgsrezepte verfügten, hätten sie es kaum nötig, solche albernen Bücher zu schreiben. Ihnen gegenüber stehen die Machos von der Hier-kommt-der-Burner-Fraktion. Sie erzählen unentwegt, was für Wahnsinnskniffe sie draufhätten, um darüber hinwegzutäuschen, dass sie in ihrem Leben praktisch noch nichts auf die Reihe bekommen haben. Interessant ist eigentlich nur die dritte Fraktion. Das sind die, die es draufhaben. Aber die reden natürlich nicht darüber. Weil sie wissen, dass ein Trick nur dann und so lange funktioniert, wie ihn keiner kennt.

Wir verraten jetzt trotzdem einen. Der klappt immer. Also: Wenn Sie mal einen USB-Stick brauchen, gehen Sie in eine Drogerie oder ein Kaufhaus, wo man Fotos vom USB-Stick ausdrucken kann (kein Fotogeschäft, da ist zu wenig los), und klagen, Sie hätten Ihren schönen USB-Stick letzte Woche im Gerät vergessen. Die Verkäuferin wird genervt und hektisch mit einer Schachtel aus dem Nebenraum kommen, in der ungefähr 20 Sticks liegen. Sie rufen spontan: »Ein Glück! Das ist er!«, und nehmen sich den 16-GB-Stick. Schon das Teil selbst ist 15 Euro wert. Und dann noch die vielen Privatfotos fremder Leute! Das kriegen Sie bei keinem Onlinehändler.

Showtime!

Morgens im Fahrstuhl eines Bürogebäudes. Der Fahrstuhl hält im Erdgeschoss, zwei Frauen und ein Mann im Anzug steigen ein. Die eine Frau drückt auf den Knopf des vierten Stockwerks und schaut den Mann an.

Frau: Soll ich für Sie die Fünf drücken?
Mann: Nein danke, ich steige mit Ihnen im Vierten aus.
Frau: Aber Sie arbeiten doch gar nicht auf unserem Flur.
Mann: Ich geh das letzte Stockwerk zu Fuß.
Frau: Ach so. Ich hätte sonst ganz kollegial für Sie die Fünf gedrückt.

Mann: Das ist ganz lieb von Ihnen. Aber ich geh das letzte Stockwerk lieber zu Fuß und beeindrucke oben die Damen.

Die Frau guckt ihn fragend an.

Mann: Na, wenn ich da oben gleich ankomme, denken alle, ich wäre die ganze Strecke zu Fuß gegangen. Und das, ohne aus der Puste zu kommen.

Im Untergrund

Mittags in der U-Bahn. Ein Jugendlicher isst einen Döner; ein anderer Jugendlicher mit Mütze kommt hinzu und setzt sich neben ihn.

Mützenträger: Yo, Dose, was geht? Stinkst du hier den Wagon voll?

Döneresser: Ey Digger, hör auf zu schwallern. Gehst du Schule oder was?

Mützenträger: Digger. Das stinkt hier voll nach Döner, Digger.

Döneresser: Mir doch egal, ich hab Hunger, ey.

Mützenträger: Ich hab auch Hunger, ey.

Döneresser: Ey krass: Die haben mir einen Euro zu viel zurückgegeben.

Mützenträger: Wer denn? Bist du jetzt reich oder was?

Döneresser: Der Döner-Mann. Hat mir zwei Euro zu-
                rückgegeben. Einen zu viel.
Mützenträger: Und du hast nichts gesagt oder was?
Döneresser: Bin ich Krösus oder was, Digger? Sauf
                ich Kaviar oder was, ey?
Mützenträger: Du bist Gangster, Digger.

Berufsethos

*Zwei Frauen Mitte 30 sitzen sich im ICE von Berlin nach
Hamburg gegenüber.*

Frau 1: Und für wen arbeitest du jetzt?
Frau 2: Landwirtschaft.
Frau 1: Echt?
Frau 2: Ja, irgend so 'n Hühnerzüchterverband.
Frau 1: Aber von Agrarpolitik hast du doch null Ah-
         nung! Du hast doch bisher nur Chemie und
         Energie gemacht.
Frau 2: Stimmt.
Frau 1: Warum machst 'n das dann?
Frau 2: Die zahlen nicht schlecht.
Frau 1: Aha.
Frau 2: Außerdem hab ich die Erfahrung gemacht: De-
         tailwissen stört nur. Als Lobbymensch musst

du zuspitzen. Die große Linie. Das Gesamt-
konzept. Da ist es am besten, man weiß nicht
so genau Bescheid. Sonst fängt man noch
an, an seinen eigenen Parolen zu zweifeln.

Wahre Lügen

*Zwei Männer Mitte 40 in einer Kneipe. Einer mit modischer,
übergroßer, dunkler Hornbrille, der andere im jugendlichen
Kapuzenpulli.*

Kapuzenpulli: Ich sag dir, Ronny hat gerade so 'n Stress
mit seiner Geliebten!
Hornbrille: Was' passiert?
Kapuzenpulli: Also, sie wollte unbedingt, dass er sich
endlich von Moni trennt. Wollte er natür-
lich nicht.
Hornbrille: Und? Was hat sie gemacht?
Kapuzenpulli: Sie hat nach dem Sex, als er nackt mit
ihr im Bett lag, ein Foto gemacht.
Hornbrille: Oh Gott. Und auf Facebook gepostet?
Kapuzenpulli: Nee. Direkt an Moni gemailt.
Hornbrille: Okay, also das war's dann. Scheidung?
Kapuzenpulli: Wieso denn? Ronny ist ganz cool ge-
blieben.

Hornbrille: Aber eindeutiger gehts doch nicht!

Kapuzenpulli: Er hat zu Moni gesagt: Wenn ich 'ne Geliebte hätte – glaubst du, ich wäre so blöd, ihr zu erlauben, mich nackt im Bett zu fotografieren?

Hornbrille: Aber das Foto existiert ja! Wie hat er das denn erklärt?

Kapuzenpulli: Photoshop.

Hornbrille: Wie?

Kapuzenpulli: Er hat gesagt, das war 'ne Psychozicke und Stalkerin, die hat sich mit ihrem Freund im Bett fotografiert und dann sein Gesicht reinmontiert. Mit Photoshop. Um ihn zu erpressen.

Hornbrille: Wow. Und das hat sie ihm geglaubt?

Kapuzenpulli: Klar! Denn mal ehrlich, wenn Ronny 'ne Geliebte hätte – wäre er so blöd, sich nackt mit ihr im Bett fotografieren zu lassen?

Hornbrille: Mmh. Du hast recht. Klingt logisch.

Kapuzenpulli: Ich sag dir. Lügen sind meistens viel logischer als die Wahrheit.

Als das Wünschen noch geholfen hat

Junge Frau und junger Mann, offensichtlich Geschwister, im Café.

Mann: Sag mal, was haben Mama und Papa dir eigentlich zum Geburtstag geschenkt?

Frau: Äh, wieso?

Mann: Nee, sag doch mal.

Frau: Den Renault. Wieso?

Mann *(entsetzt)*: Den Renault?

Frau: Ja, ihren alten. Sie haben sich doch 'n neuen gekauft.

Mann: Aha.

Frau: Wieso, ist irgendwas? Was haben sie dir denn geschenkt?

Mann: Ein Handrührgerät.

Frau *(etwas bedröppelt)*: Okay.

Pause. Schweigen.

Frau: Was hattest du dir denn gewünscht?

Mann: Handrührgerät. Und du?

Frau: Den Renault.

Zeitmanagement

Ehemann und Ehefrau im Café.

Frau: Hast du die Heizung jetzt mal repariert?
Mann: Nee. Steht aber auf meiner To-do-Liste.
Frau: Scheint ja nicht viel zu bringen, diese Liste.
          Hatte dir Arne nicht dieses Buch empfohlen
          über besseres Zeitmanagement?
Mann: Ja.
Frau: Hattest du das nicht bestellt?
Mann: Ja, schon vor Monaten.
Frau: Hast du das jetzt gelesen oder nicht?
Mann: Ich habs ja erst vor zwei Wochen abgeholt.
Frau: Wie hieß das noch?
Mann: »Vorbei mit der Aufschieberei«
Frau: Und? Was steht drin?
Mann: Ich hab noch nicht reingeguckt.

Carpe diem

Vater mit Sohn (etwa 12 Jahre alt) in der U-Bahn.

Sohn: Papa, was guckst du so traurig?
Vater: Ach, ich war doch gestern bei Onkel Robert.
          Der ist doch jetzt im Pflegeheim.

Sohn: Onkel Robert? Ist der denn schon soo alt?

Vater: Nee, 75.

Sohn: Das kann doch nicht sein. Opa Willi ist 78 und fährt noch Ski!

Vater: Vor vier Jahren war Onkel Robert auch noch quietschfidel.

Sohn: Heftig.

Die beiden sinnieren schweigend vor sich hin.

Vater: Weißt du, ich lerne daraus immer wieder, dass man im Jetzt leben muss. Man darf niemals denken: Das mach ich in vier Jahren. Oder in zehn Jahren. Nein, was ich wirklich machen will, muss ich jetzt machen.

Sohn: Gilt das auch für Filme ab sechzehn?

Erleuchtung

Junge (etwa zehn Jahre alt) in einem Buddha-Laden in der Nähe des Hamburger Hauptbahnhofs, steht vor einer Buddha-Statue. Indischer Verkäufer.

Junge: Was kostet der Buddha da?

Verkäufer: Ist sehr wertvoll. Aus Mangoholz. 60 Jahre alt.

Junge: Und was kostet der?

Verkäufer: 300 Euro. Aber ich mach Extrapreis für dich. 150.

Junge: Mmh. Ich hab nur 50 Euro.

Verkäufer: Aha. Dann musst du wohl noch etwas sparen.

Beide schweigen.

Junge: Der ist wirklich sehr schön.

Verkäufer: Ja. Aus Mangoholz.

Junge setzt sich vor Buddha, meditiert. Verkäufer schlendert im Laden herum. Kehrt schließlich wieder zurück.

Verkäufer: Jeder muss seinen eigenen Buddha finden.

Junge: Ich hab ihn schon gefunden.

Verkäufer *(lächelt)*: Weißt du was? Ich geb ihn dir für 100.

Junge: Für den Buddha geb ich Ihnen alles, was ich habe. Und das sind 50 Euro.

Verkäufer *(überlegt)*: Letztes Angebot: 75.

Junge: Ich hab wirklich nur 50.

Verkäufer *(überlegt lange, sagt dann leise)*: Okay. Aber niemand verraten!

Junge: Echt? Ich krieg ihn für 50? Krass! Geiler Buddha.

Zweifelhafter Fortschritt

In der Umkleidekabine eines Schwimmbades. Zwei Männer, circa 40 Jahre alt, einer dick, einer dünn, ziehen sich um und unterhalten sich.

Dicker Mann: Mann Mann Mann, dieser sch... öffentliche Nahverkehr. Bin froh, wenn ich meinen Wagen wiederhabe.

Dünner Mann: Warum bist du denn nicht mit dem Rad gekommen?

Dicker: Ich habe gar kein Rad. Aber morgen habe ich mein Auto wieder.

Dünner: Was hat er denn?

Dicker: Tja, wenn ich das wüsste. Er fährt wie 'ne eins, nur das Display hat plötzlich angezeigt, dass ich in die Werkstatt soll. Die Mechaniker konnten natürlich gar nichts sagen, die müssen erst mal den Fehlerspeicher auslesen.

Dünner: So was hat's früher alles nicht gegeben. Abzocke. Die reinste Abzocke.

Dicker: Glaub ich auch. Das haben sie früher zwar auch gemacht, aber heute ist das irgendwie noch blöder. Früher hat dir der Mechaniker teure Reparaturen aufgeschwatzt, von denen er wusste, dass sie unnötig waren. Heute weiß nicht mal mehr der Mechaniker, was nötig ist und was nicht. Wie soll er dich vernünftig verarschen, wenn er selber keine Peilung hat?

Dünner: Nee echt. Heute kann man nicht mal mehr vernünftig verarscht werden. Da läuft was schief in unserer Gesellschaft.

Oldschool

Zwei Jugendliche um die 14 bei McDonald's vor zwei Happy Meals.

Erster: Also ich sag dir, Oles Vater ist echt krass.

Zweiter: Wieso?

Erster: Na, ich war doch letztens mal bei Ole zu Besuch ...

Zweiter: Und?

Erster: Ich mein, hast du das Wohnzimmer mal gesehen?

Zweiter: Nee.

Erster: Riesige CD-Regale. Also, würdest du dir die Mühe machen, von allen CDs, die du dir brennst, die Booklets auszudrucken?

Zweiter: Nee, wieso?

Erster: Na, die waren alle mit Booklet – in Farbe! Der Hammer!!!

Zweiter: Äh, aber der Vater ist doch fast 50, oder?

Erster: Ja, wieso?

Zweiter: Vielleicht … hat er die gar nicht ausgedruckt.

Erster: Wie meinst du das?

Zweiter: Na, theoretisch kann man CDs ja auch kaufen. Mit Booklet.

Erster *(überlegt)*: Du meinst, der hat die alle gekauft???

10. Kindererzieher

»Das Vertrauen junger Menschen erwirbt man sich
am sichersten dadurch, dass man nicht ihr Vater ist.«
(Henry de Montherlant)

»Wenn ich denen nicht sage, wo der Hase hinhoppelt,
dann passiert auch nichts.«
(Heidi Klum)

Industrie, Handel, Politik, Kultur, Bildung, Verkehr, Um-
weltschutz, Sport – das alles kriegen wir im Grunde
genommen exzellent hin. Wir sind zwar extrem unzu-
frieden, aber genau deswegen auf Weltniveau. Echte
Probleme haben wir eigentlich nur in zwei Lebens-
bereichen: Liebe und Erziehung. Das Elend des Flirtens
haben wir schon betrachtet. Das Scheitern in der Erziehung ist leider noch verheerender. Die Wunschkind-
monster lassen uns nicht schlafen, kommandieren

uns herum, zerstören unser Eigentum, versäumen ihre Pflichten, blamieren uns vor unseren Nachbarn, verprassen unser Geld und ruinieren unsere Nerven. Die Problemlösungsstrategien sind bekannt. Viele verzichten vorsorglich ganz auf Kinder oder belassen es bei einem einzigen, das die Last der Erziehungsarbeit dann ganz allein tragen muss.

Späte Väter, Helikoptermütter und Terrorkinder ergänzen und beflügeln sich dann in einem einzigartigen und dynamischen Ökosystem. Während die Eltern ihr gesamtes Leben um das staunende Kind herumbauen, lernt dieses, wie viel Spaß es macht, auf die Knöpfe der Eltern zu drücken: Ich schreie – sie kommen. Ich schreie noch mal – sie kommen besorgt wieder. Ich brülle – sie bekommen Angst. Ich mäkele über das Essen – sie geben mir etwas anderes. Ich zeige auf etwas – sie kaufen es mir. Ich mache Mist – sie drohen mit Strafen. Ich mache weiter – sie drohen wieder (*lustig!*). Ich mache immer noch weiter – sie bestrafen mich. Ich weine – sie bekommen ein schlechtes Gewissen. Was für ein Spaß! Besser als jeder Gameboy!

Eltern entwickeln eine ganz eigene Logik, der sie konsequent folgen und von der sie sich auch nicht abbringen lassen. Kindliches Fehlverhalten wird grundsätzlich mit Fürsorge und Zuwendung beantwortet (Urvertrauen!). Bei Fieber, Husten oder Schnupfen wird zur Abwendung von Lebensgefahr umgehend der Arzt konsultiert, am Wochenende die Notaufnahme. Im Streit mit anderen Kindern sind die anderen Kinder schuld. Und schlechte Schulnoten sind ein untrügliches Indiz für Hochbegabung.

Zum Glück finden überforderte Eltern überall Hilfe und Zuspruch: beim andern Elternteil, bei pädagogisch versierten Freunden, bei englischsprachigen Kita-Mitarbeitern und singenden Seehunden. Vor allem bei denen. Wenn die Eltern auf diese Weise die Trotzphase ihrer Kleinen überstanden haben, dürfen sie sich auf deren Pubertät freuen. Spätestens mit 21 sind die Kinder dann wieder ganz normal. Und auch die Eltern verwandeln sich wieder in die vernünftigen und sympathischen Zeitgenossen, die sie vor der Familiengründung mal waren.

Deutungshoheit

Sonntagmorgen auf einem Spielplatz. Ein kleines Mädchen übt Schaukeln und hat Schwierigkeiten mit dem Schwunggeben. Neben ihr steht ihr Vater.

Mädchen *(wütend)*: Kacki!

Vater: Schatz, so was sagt man doch nicht. Ich geb

dir noch mal Schwung, und dann versuchst
du, alleine den Schwung zu halten.

Das Mädchen überlegt kurz.

Mädchen: Ben sagt immer, dass ich eine Kackiwurst
bin.

Vater: Welcher Ben?

Mädchen: Ben aus dem Kindergarten.

Vater: Ach so. Das meint er nicht so. Wenn ein
Junge so etwas sagt, heißt das, dass er
dich mag.

Das Mädchen überlegt.

Vater: Kleine Jungs können ihre Gefühle manchmal nicht so richtig ausdrücken.

Mädchen: Mama hat gesagt, Ben ist selbst eine Kackiwurst.

Vater: Ach ja? Na, dann ist das wohl so.

Die Klügere gibt nach

*In einem Steakrestaurant. Mutter, Vater und ein etwa vier-
jähriges Mädchen sitzen am Tisch, die Eltern essen Steak, die
Tochter hat eine Ofenkartoffel mit Sourcreme vor sich stehen.*

Mutter: Komm Mäuschen, nimm noch etwas von der
leckeren Soße.

Tochter *(zickig)*: Will ich nicht!

Mutter: Aber du hast ja noch gar nicht richtig probiert.

Tochter *(laut)*: MAG … ICH … NICHT!

Mutter: Aber Schatz, jetzt mach mal bitte etwas mit. Das ist doch deine Lieblingssoße, die hab ich extra für dich bestellt.

Tochter: Ketchup!

Vater: Und ich dachte immer, du kannst schon in ganzen Sätzen sprechen.

Tochter: ICH … WILL … KETCHUP!

Mutter: Mäuschen, Ketchup haben wir nicht. Guck mal, Mami und Papi essen auch keinen Ketchup. Jetzt sei bitte lieb, sprich ordentlich, und iss die Kartoffel mit deiner Lieblingssoße.

Tochter *(leise und ernst)*: Bitte liebe Mami, ich mag die Lieblingssoße nicht. Darf ich bitte Ketchup haben?

Die Mutter strahlt, schaut stolz zum Vater rüber und nickt wohlwollend.

Mutter: Na gut, Schatz, ausnahmsweise.

Sensibles Thema

Auf dem Spielplatz. Ein Vater tobt mit seiner kleinen Tochter herum.

Vater: Achtung, Mäuschen, nicht zu doll, sonst tust du Papa weh.

Die Tochter dreht weiter auf, wirft mit Sand, tritt um sich und trifft den Vater an sensibler Stelle.

Vater: Stopp, Mäuschen, das ist zu doll, stopp, stopp, stopp. Komm mal her, ich muss dir etwas erklären.

Tochter: Papi klettern!

Vater: Nein, jetzt warte mal kurz. Mäuschen, Treten geht nicht. Und schon gar nicht dahin, wohin du mich eben getreten hast. Das tut Papa sehr weh.

Die Tochter schweigt und guckt ihren Vater ausdruckslos an.

Vater: Hast du mich verstanden, Mäuschen? Man darf auf keinen Fall einem Jungen oder einem Mann zwischen die Beine treten. Versprichst du mir, dass du das nie wieder machst?

Die Tochter guckt ihren Vater schweigend an.

Vater: Du brauchst jetzt nicht zu weinen, es tut mir auch gar nicht mehr weh. Du musst mir nur versprechen, dass du das nie wieder machst.

Tochter *(laut)*: Lilli hat im Kindergarten gesagt, dass
ihr Pinguin schöner ist als meiner!

Vaterrolle

*Auf dem Kindergarten-Elternabend, es ist Pause, mehrere kleine
Gruppen von Eltern (hauptsächlich Mütter) stehen zusammen
und unterhalten sich.*

Mutter: Also Frede macht gerade ihre zweite Trotzphase durch. Mag das Essen nicht, mag ihre
Klamotten nicht, und ab und zu schmeißt sie
sich einfach auf den Boden.

Kindergärtnerin: Das ist nur eine Phase. Die ist zwar
anstrengend, aber wichtig. Das wird sich
noch in vielen weiteren Lebensabschnitten
wiederholen, ihr könnt euch schon mal langsam auf die Pubertät vorbereiten.

Mutter: Also von mir aus könnte man sich diese
Trotzphasen ruhig sparen!

Kindergärtnerin: Klar ist das anstrengend. Aber die Kinder testen da ihre Grenzen aus und lernen,
sich als Individuen einzuschätzen. Dazu gehört auch, gegen die Eltern zu rebellieren.
Das ist sehr wichtig für ihr weiteres Leben.

Mutter: Also ich weiß nicht. Für mich hört sich das ein bisschen nach neumodischer Kinderpsychologie an. War das bei uns auch schon so, als wir in dem Alter waren?

Vater: Na klar. Das ist ein typisches Verhaltensmuster. Denk mal an den König der Löwen. Oder an Ödipus. Oder an die 68er-Bewegung. Die gab es nur, weil die Eltern alle mal Nazis gewesen sind. Ohne Hitler hätte es keine 68-er Revolution gegeben.

Frühverwirrung

Morgens im Kindergarten. Ein Vater bringt seine dreijährige Tochter in den Turnraum und wird im Flur von einer Frau angesprochen.

Frau: Hi, my name is Jessica and I speak in English to the Kids.

Vater: Hallo, ich bin Christian. Das ist ja interessant. Und verstehen die Kinder, was Sie sagen?

Frau: Sometimes they do, sometimes they don't. Kids are great, they don't mind the language.

Vater: Ach so, I understand. And what are you talking about?

Frau: I don't have special topics; I talk about every-
        thing: weather, music, food, whatever comes to
        my mind.
Vater: I see. Können Sie denn auch Deutsch?
Frau: A little bit. But I only speak English, otherwise
        the kids get confused, you know. Only English.
        Just in case of emergency I speak German.
Vater (*leicht verängstigt*): Äh, what do you mean when
        you say emergency?
Frau: Emergency means Notfall.

Kein Vorsprung

*Beim Babyturnen in Hamburg Eimsbüttel. Eine Mutter steht
neben ihrem etwa eineinhalbjährigen Kind an einem Kasten.
Das Kind soll auf die davorliegende Matte springen, zeigt
jedoch keinerlei Regung. Die Turnlehrerin tritt heran.*

Turnlehrerin: Komm, Ella, eine Hand für die Mama,
        eine Hand für mich, und dann machst du
        »Hüpf«.
Ella zeigt keinerlei Reaktion.
Mutter: Komm, Ella, get ready.
Turnlehrerin: Get ready?
Mutter: Ja, komm, Ella, get ready.

Das Kind verzieht keine Miene und bewegt sich keinen Zentimeter.

Mutter: Das hat Ellas Schwimmlehrer in San Diego immer gesagt.

Turnlehrerin: Ihr habt einen Schwimmkurs in San Diego gemacht?

Mutter: Wir waren doch ein halbes Jahr in den Staaten. Da hat Ella Schwimmen gelernt.

Turnlehrerin *(zu Ella gewandt)*: Du kann schon schwimmen?

Keine Reaktion von Ella.

Mutter: Das Babyschwimmen ist in den Staaten ja viel besser als hier bei uns in Deutschland. Da lernen die Kinder richtig schwimmen. Ella hatte viermal die Woche Unterricht.

Turnlehrerin: Und sie kann wirklich schwimmen?

Mutter: Absolut. Am Anfang konnte sie nur tauchen. Vom Schwimmlehrer zu mir und dann zurück. Da hat sie sich immer abgestoßen und ist von einem zum anderen getaucht. Und immer wenn sie Luft anhalten sollte, hat der Schwimmlehrer »get ready« gesagt.

Turnlehrerin: Dann wollen wir mal hoffen, dass sie hier nicht gleich ohnmächtig vom Kasten fällt.

Fantastische Nachrichten

Vater mit Zeitung sitzt neben jugendlichem Sohn im Flugzeug.

Vater: Ich les dir jetzt 'n paar Meldungen vor, und du rätst, ob die echt sind oder ausgedacht.

Sohn: Was krieg ich dafür?

Vater: Die Wahrheit.

Sohn: Wie öde.

Vater: Also. In Wien kannst du dir jetzt einen QR-Code in den Grabstein meißeln lassen. Wenn du den scannst, siehst du auf dem Smartphone Videos vom Toten.

Sohn: Standard. In zehn Jahren ist der Friedhof direkt im Internet. Dann muss man auch nicht mehr ewig zum Grab laufen.

Vater: Okay, nächste Meldung: Benetton sucht den Arbeitslosen des Jahres. »Wie fühlt es sich an, arbeitslos zu sein? Schildere deine Eindrücke, und gewinne tolle Preise!«

Sohn: Korrekt. Arbeitslos sein wird total unterschätzt.

Vater: Weiter: McDonald's will die Zahl seiner Filialen in Indien verdoppeln. Wegen der Hindi setzen sie dabei auf vegetarische Burger.

Sohn: Nix los. In 30 Jahren gibt's nur noch Vegetarier.

Vater: In Brasilien boomt eine neue Idee: Slumming-

Touren. Die Besucher werden zwei Stunden durch die gefährlichsten Slums von Rio geführt.

Sohn: Normal.

Vater: Aber jetzt: Österreicher geben für Glücksspiel mehr Geld aus als für Urlaub!

Sohn: Na und? Ösis halt.

Vater: Und in den USA ist ein Kürbis geerntet worden, der mehr als eine Tonne wiegt.

Sohn: Klar. Für die Halloweenmaske von Reiner Calmund. Bist du echt zu fantasielos, um dir was auszudenken?

Erzwungenes Geständnis

Auf dem Spielplatz. Ein Kind schaukelt, die Mutter steht in der Nähe.

Kind: Mama, komm, du musst auch schaukeln.

Mutter: Schatz, das geht doch nicht, ich bin zu groß.

Kind: Das macht nichts, Mama, hier ist Platz.

Mutter: Aber Schatz, ich bin zu groß, da bricht sonst die Schaukel zusammen.

Kinde: Frederic ist auch groß. Da bricht die Schaukel nicht zusammen, komm, Mama, schaukeln.

Mutter: Na gut, Schatz, ich sag es, wie es ist: Ich bin
           nicht zu groß, ich bin zu schwer!

Musikalische Früherziehung

*Beim Babyturnen. Zwei junge Mütter sitzen an der Seite und
unterhalten sich.*

Mutter 1: Leona hat gestern zum ersten Mal ins Klo
           gepupert. Wir sind sooo stolz.
Mutter 2: Das ist ja super!
*(Sie wendet sich zu ihrer dreijährigen Tochter und ruft
begeistert:)* Amelia, hast du das gehört? Leona hat
           gestern ins Töpfchen gekackert! Das wol-
           len wir auch mal machen, oder?
Mutter 1: Sie hat auch jetzt keine Windel an, und bis-
           her sind auch keine Unfälle passiert.
Mutter 2 *(laut in Richtung der turnenden Kinder)*:
           Das ist ja super, Leona! Ohne Windel kann
           man auch viel besser Purzelbaum machen,
           oder?
Die Kinder reagieren nicht.
Mutter 2: Guck mal, Amelia, Leona hat keine Windel
           an und kackert schon ins Töpfchen! *(Zur
           Mutter gewendet)*: Wie habt ihr das nur ge-

schafft? Amelia liebt ihre Windeln und lehnt das Töpfchen regelrecht ab.

Mutter 1: Wir haben ein Töpfchen, das sieht aus wie ein Seehund. Und wenn man da reinpupert und das Kacka auf den Boden fällt, macht der Seehund Musik und fängt an zu singen. Können wir euch gern mal ausleihen, wenn ihr möchtet, das Ding ist super, Leona will den ganzen Tag nur pupern.

11. Tierfreunde

»Die Deutschen sind wiederkäuende Tiere.«
(Johann Wolfgang von Goethe)

»Auch Tierliebe geht häufig durch den Magen.«
(Arthur Feldman)

Irgendwie liegen uns Tiere mehr als Kinder. 2012 gab es in Deutschland 11 Millionen Kinder bis 14 Jahre, aber über 36 Millionen Haustiere. Der Deutsche Kinderschutzbund hat 50.000 Mitglieder, der deutsche Tierschutzbund über 800.000. Und ist das nicht auch logisch? Kinder enttäuschen uns, Tiere bleiben uns treu. Kinder tun, was sie wollen, Haustiere tun, was wir wollen. Kinder lassen sich kaum bändigen, Tiere lassen sich füttern und streicheln. Kinder würden wir gerne lieben, Tiere lieben wir. Das ist übrigens ein weltweites Phänomen. Der World Wildlife Fund hat fast

doppelt so viele Förderer wie Amnesty International. Als die Beauftragte der Vereinten Nationen zur Zeit des Völkermords in Ruanda unterwegs war, erhielt sie Hunderte besorgter Mails aus aller Welt: ob denn auch alles in Ordnung sei – mit den Gorillas.

Unsere Tierliebe ist wirklich atemberaubend. Darf man noch duschen, wenn eine Spinne die Duschwanne betreten hat? Und ist es vertretbar, einem Obdachlosen Brot zu geben, wenn die Enten im Teich es eigentlich viel nötiger bräuchten? Fragen, über die unsere führenden Moralphilosophen von Peter Sloterdijk bis Eckart von Hirschhausen noch lange diskutieren werden. Andererseits macht es den meisten Tierliebhabern nichts aus, im Laufe ihres Lebens über 1000 Vierbeiner zu verzehren. Die Einzigen, denen dieser Widerspruch aufzufallen scheint, sind Kinder. Sie stellen dann Fragen, die wir niedlich finden. Um sogleich das nächste Steak zu bestellen. In zehn Jahren, so trösten wir uns, werden sie sich daran gewöhnt haben. Warum funktioniert das eigentlich nie andersherum?

In die Pfanne hauen

Fleischtheke Supermarkt. Fünfjähriger Junge mit seinem Vater.

Junge: Ist das ein Fisch?
Vater: Nein, das ist ein Hase, sieh, da sind noch
           die Ohren und die Beine.
*Junge schaut lange auf den Hasen, der ohne Fell in der
Auslage liegt.*
Junge (*zur Verkäuferin*): Wieso habt ihr den Hasen tot-
           gemacht?
Fleischverkäuferin: Das ist ja herrlich, wenn er sich
           jetzt schon so für Fleisch interessiert, wird
           er später ein guter Schlachter.
Junge: Ihr seid gemein! Warum habt ihr den Hasen
           totgemacht?
Fleischverkäuferin: Der wird jetzt lecker in der Pfanne
           gebraten.
Vater: Jetzt haben Sie ein schlechtes Gewissen,
           oder?
Fleischverkäuferin: Nein. Gar nicht. Der ist aber auch
           putzig!
Junge guckt traurig. Vater zieht ihn weiter.
Vater (*leise zum Sohn*): Du hast recht, das ist gemein.
           Vielleicht sollte man lieber die böse Frau in
           der Pfanne braten.

Glaubens-Frage

Auf dem Wochenmarkt am Fischstand. Eine Mutter steht mit ihrer kleinen Tochter an und betrachtet das Angebot.

Mutter: Schau mal, so viele leckere Fische. Da müssen wir mal schauen.

Tochter: Ich finde, die sehen alle traurig aus.

Mutter: Findest du? Ach schau mal, die Makrelen sehen aber schön frisch aus.

Tochter: Ich finde, die sehen tot aus.

Die Tochter guckt zum Händler.

Tochter: Sind die tot?

Händler und Mutter schauen sich an und schweigen. Schüchternes Nicken des Händlers.

Tochter: Und sind die jetzt im Fischhimmel?

Erleichtertes Nicken des Händlers. Mittlerweile hören auch andere Kunden aufmerksam zu.

Mutter (*erleichtert*): Ja, Mäuschen, die sind jetzt im Fischhimmel. Ich glaube, wir nehmen lieber Seelachsfilet, oder?

Tochter: Warum liegen die dann hier, wenn sie doch im Fischhimmel beim lieben Gott sind?

Betretenes Schweigen.

Mutter: Hmm, was meinst du, Mäuschen, vielleicht mach ich uns heute doch lieber einen Gemüseauflauf?

Arme Hunde

Am Tag der Bundestagswahl. Es ist 14 Uhr, zwei Punks stehen mit ihren Hunden vor einer Schule, in der sich das Wahllokal befindet, und trinken Bier.

Punk 1: Ey, letztes Mal wollten die mich nicht reinlassen zum Wählen.

Punk 2: Wegen dem Bier oder was?

Punk 1: Nee, wegen dem Hund. Haben gleich die Bullen gerufen.

Punk 2: Scheißbullenstaat.

Punk 1 *(lacht)*: Ey, das hab ich denen auch gesagt. Mussten mich dann aber doch reinlassen.

Punk 2: Und wen haste gewählt?

Punk 1: Die Merkel natürlich. Die hat ein Herz für Hunde.

Ziemlich tot

Zugrestaurant im ICE. Zwei junge Frauen nebeneinander, eine mit blondem Pferdeschwanz, die andere mit langer roter Lockenmähne. Eine ältere Frau sitzt unbeteiligt daneben und isst eine Rindsroulade.

Frau mit Pferdeschwanz: Das ist mein erstes größeres eigenes Projekt. Mit ganz vielen Proben ... ich freu mich drauf.

Frau mit Lockenmähne: Eigene Proben nehmen bringt richtig Spaß.

Pferdeschwanz: Ich bin mir nur noch nicht sicher, wie man das genau macht ... wir hatten das im dritten Semester, das ist schon so lange her ...

Lockenmähne: Also, ich würde die immer erst mal so hinlegen, dann hinten und vorne abschneiden – mit 'ner richtig scharfen Schere! –, die führst du hinten am After ein und schneidest dann so am Bauch längs nach vorne.

Pferdeschwanz: Okay ...

Lockenmähne: Und dann weiter ... irgendwann im vorderen Bereich scharf rechts, nach oben scheiden, und dann kannst du die so aufklappen. Und dann mit den Fingern erst mal alles ausräumen. Das kannst du dann so ein wenig sortieren vor dir. Ist 'n ziemliches Gepule ... und das kleine Rote da vorne ist dann das Herz.

Pferdeschwanz: Schon klar. Aber wie bereite ich die denn vor für die Entnahme?

Lockenmähne: Also, der Herbert tut sie in einen kleinen Plastikbeutel und wirft sie dann ein paarmal auf den Boden. Die sind dann auch schon ziemlich tot. Oder in die Froste ... dann bewegen die sich auch nicht mehr.

Pferdeschwanz: Du meinst also, dass die dann nicht wieder aufwachen, während ich die ... dann ... so ... äh?

Lockenmähne: Nee, hab ich noch nie erlebt.

Pferdeschwanz: Na ja, und danach ja eh nicht mehr.

Ältere Frau legt Besteck weg und schaut angestrengt aus dem Fenster.

Hot Dog

Zwei Rentner in einer Kneipe.

Rentner mit Halbglatze: Also der Klaus, der wollte ja letztens zu Media Markt hin. Und hat da seine Töle mitgenommen, dieses altersschwache Gerippe.

Renter mit weißem Vollbart *(lacht)*: Schnuffi oder was?

Halbglatze: Aber die durften den nicht zu Media Markt mit reinnehmen. Und haben den da draußen angebunden. Aber das war so heiß gewesen, als die wiederkamen, war der tot gewesen.

Vollbart: Nee.

Halbglatze: Doch. Und dann hat dem Klaus seine Frau gesagt, den toten Schnuffi nimmt sie nicht in' Kofferraum.

Vollbart: Und denn haben sie ihn dagelassen?

Halbglatze: Nee, die hatten so'n Karton mitgenommen von so 'nem riesigen Flatscreen, und da hatten sie ihn reingetan und hinten im Kofferraum.

Vollbart: Gute Idee.

Halbglatze: Bloß war der Karton so groß, da ging der Kofferraum nicht richtig zu.

Vollbart: Mensch, hat Klaus so'n kleinen Wagen?

Halbglatze: Ja, aber pass auf: Zwischendurch waren sie noch was trinken gegangen aufm Rückweg. Und als sie auf den Parkplatz zurückkommen, hat jemand den Karton geklaut.

Vollbart: Nee.

Halbglatze: Der war natürlich scharf gewesen auf den Flatscreen.

Vollbart: So kann man seinen Hund auch loswerden.

Ins Netz gegangen

Zwei Studenten im Uni-Café.

Mann 1: Du, ich musste heute Morgen an dich denken, als ich geduscht habe. Du bist ja Vegetarier und haust ja auch keine Mücke tot oder so.

Mann 2: Stimmt, wäre ja auch noch schöner.

Mann 1: Ich steh da also unter der Dusche und sehe aus dem Augenwinkel, wie eine Spinne versucht, aus der Duschwanne rauszukrabbeln. Hättest du die gerettet?

Mann 2: Hmm. Ich denke schon.

Mann 1: Man könnte aber auch sagen, dass es Schicksal ist, weil ich die Spinne ja nicht mit Absicht wegspüle. Sie hat ja auch eine Chance und kann rauskrabbeln.

Mann 2: Aber weiß die Spinne, wo es aus der Dusche rausgeht, oder krabbelt die in ihr Verderben? Ich denke, man muss sie retten, weil es sonst unterlassene Hilfeleistung ist.

Mann 1: Keine Ahnung. Aber letztlich ist es doch ihre Schuld. Sie muss da ja nicht sitzen, wenn ich dusche.

Mann 2: Kann man auch andersrum sehen. Du musst ja nicht duschen, wenn sie da sitzt.

Nichts zu futtern

In der Bäckerei. Eine ältere Dame mit einem kleinen Mädchen, vermutlich ihrem Enkelkind.

Dame: Guck mal, Schatz, jetzt sind wir an der Reihe. Wir möchten gern ein Rosinenbrötchen, und dann haben wir gleich noch eine Bitte.

Die Verkäuferin packt das Rosinenbrötchen ein.

Verkäuferin: So, und was darf es noch sein?

Dame: Wir möchten gleich in den Park gehen und Enten füttern. Haben Sie vielleicht ein bisschen altes Brot von gestern, was Sie uns mitgeben können?

Verkäuferin: Nein, das tut mir leid.

Dame: Sagen Sie, das verstehe ich jetzt nicht. Sie müssen doch noch Brot von gestern überhaben. Oder wollen Sie mir erzählen, dass Sie zum Feierabend hin immer alles ausverkauft haben?

Verkäuferin: Wir geben nach Feierabend unsere Reste an eine Organisation, die das Brot an die Obdachlosen verteilt.

Dame: Ach, das ist ja schade. *(Zum Mädchen gewandt:)* Schatz, hier kriegen wir leider nichts für die armen hungrigen Enten, die Frau gibt das Brot lieber den Obdachlosen.

Einer trage des anderen Last

Junge (circa drei Jahre alt) mit Mutter im Supermarkt. In der Fleischtheke entdeckt er einen Hähnchenschenkel.

Junge: Mama, was ist das?
Mutter: Das ist das Bein von einem Huhn.
Junge *(entsetzt, überlegt eine Weile, dann)*: Trägt der
           Bauer nun das Huhn?

12. Selbstverteidiger

»Gegen eine Frau mit Bart kann auch der Teufel nicht bestehen.«
(Sprichwort aus Brasilien)

»Wenn ich nicht verliere, kann der andere nicht gewinnen.«
(Boris Becker)

Diese Spezies ist weder besonders klug noch besonders dumm, nicht besonders unhöflich und auch nicht besonders menschenfeindlich. Sie hat nur eine einzige Schwäche: Sie kann keine Fehler zugeben. Jeder kann sich mal irren oder etwas falsch machen. Sie nicht. Haben diese Menschen etwas Unsinniges behauptet, halten sie mit aller Macht daran fest und denken sich immer größeren Unsinn aus, um die Ausgangsthese zu stützen. Und lieber beschimpfen sie gebrechliche alte Damen oder bedrohen ihre Kunden mit dem Hammer, als ein Fehlverhalten zuzugeben. Sie verteidigen sich sogar dann, wenn es gar nichts zu verteidigen gibt, denn sie leiden dauerhaft unter dem Gefühl, mit dem Rücken zur Wand zu stehen. Auf diese Weise verwandeln sie jedes ganz normale Gespräch binnen Sekunden in einen Machtkampf. Sachliche Hinweise verstehen sie als persönliche Beleidigung, freundliche Bitten als entwürdigende Demütigung. Könnte man ihnen die Paranoia vom Gesicht ablesen, würde man ihnen einfach aus dem Weg gehen, aber leider sehen sie äußerlich ganz normal aus.

Gespräche mit Selbstverteidigern geraten schnell außer Kontrolle. Und nur Sie können das verhindern. Machen Sie sich immer wieder klar: Der Selbstverteidiger *kann* nicht nachgeben. Genau darin besteht ja seine Störung. Je besser Ihre Argumente, umso weniger wird er darauf eingehen. Gehen Sie den umgekehrten Weg: Verlassen Sie das Schlachtfeld! Betrachten Sie das Zusammentreffen mit ihm als Übung in buddhistischer Gelassenheit. Stellen Sie sich einfach vor, er wäre gar kein Mensch, sondern ein Nashorn. Mit dem würden Sie ja auch nicht diskutieren, sondern umgehend das Weite suchen. Und hoffen Sie einfach, dass diese Person nicht Chef von Airbus, Siemens oder Boko Haram wird. Wie sagen die Griechen? »Man kann einem Krebs nicht beibringen, geradeaus zu laufen.«

Eigentor

Im Chinarestaurant. Ein Koch und eine Kellnerin unterhalten sich auf Chinesisch. Ein älteres Ehepaar sitzt an einem Tisch und schaut interessiert zu. Die Frau beugt sich zu ihrem Mann rüber.

Frau: Chinesisch ist aber auch eine schwere Sprache, nicht wahr?

Mann: Kann ich nicht beurteilen, ob die schwer ist.

Frau: Also ich verstehe kein einziges Wort. Das ist so anders als das Deutsche.

Mann: Du verstehst auch kein Wort Spanisch. Oder Finnisch.

Pause.

Mann: Oder Schwedisch oder Kroatisch und was weiß ich noch alles.

Frau: Allein schon diese komischen Schriftzeichen. Das ist ja wohl viel schwieriger als in anderen Sprachen.

Mann: Russisch beziehungsweise Kyrillisch kannst du auch nicht lesen.

Frau: Du ja wohl auch nicht, oder was.

Gurkentrennung

An der Supermarktkasse. Der Kassierer scannt die Ware und schiebt sie einem älteren Kunden zu.

Älterer Kunde: Moment, was ist das denn? Die Leberwurst gehört mir nicht!

Nächster Kunde: Nee, die gehört ja auch mir!

Älterer Kunde: Aber auch der Ziegenkäse nicht... und diese Taschentücher...was ist das denn?

Nächster Kunde: Das sind alles meine Sachen!

Älterer Kunde: Aber wieso haben Sie denn da nicht die Absperrung dazwischengemacht?

Nächster Kunde: Hab ich ja. Die Gurke hier. Die hab ich extra quergelegt.

Älterer Kunde: Gurken sind doch keine Absperrungen! Dazu gibt es doch extra diese Dinger da!

Nächster Kunde: Ich benutze dafür immer Gurken. Das hat auch noch nie Probleme gegeben. Sie haben ja anscheinend überhaupt nicht aufgepasst.

Älterer Kunde: Ich? Sie vergessen eine Absperrung, und ich soll schuld sein?

Nächster: Ich habe sehr wohl eine Absperrung genommen. Diese riesige Gurke. Sie müssen eben besser aufpassen.

Kassierer: Das heißt Warentrenner.
Beide Kunden funkeln ihn böse an.

In der BRD

Sonntagmorgen, 8.50 Uhr vor dem Bäckerladen. Ein Kunde steht vor dem geschlossenen Geschäft, ein Mann tritt heran und liest das Schild mit den Öffnungszeiten.

Herankömmling: Um neun macht der erst auf? Ich halt's nicht aus!

Wartender: Sind doch nur noch zehn Minuten.

Herankömmling: Ich latsch den ganzen Weg hier her, und nun hat der Bäcker zu. Ich mein: Was ist denn das für ein Bäcker, der morgens zuhat?

Wartender: Die wollten vielleicht auch mal ausschlafen. Ist doch nicht mehr lang.

Herankömmling: So was hätte es früher nicht gegeben. Die reinste Servicewüste ist das. Ich geh jetzt zur Tanke und hol mir da mein Croissant.

Wartender: Die machen schon Licht an, geht bestimmt gleich los.

Herankömmling: Ich wart doch nicht, bis die da drin so weit sind. Wir sind hier doch nicht in der

DDR. Wenn die es nicht nötig haben, habe ich es schon gar nicht nötig. Denen geht's wohl zu gut hier.

Wartender: Bis zur Tanke brauchen Sie aber sicher noch mal zehn Minuten ...

Herankömmling *(im Davonstapfen)*: Dies ist ein freies Land!

Katzenjammer

In der Apotheke. Ein etwa 40-jähriger etwas zerwühlt aussehender Mann spricht den Apotheker an.

Kunde: Hallo, ich brauch 'ne Packung Aspirin.

Apotheker: Die zum Einnehmen oder die zum Auflösen in Wasser?

Kunde: Ist mir egal. Ach, ich nehm die zum Einnehmen.

Apotheker: Die Wirkstoffe sind Ihnen bekannt?

Kunde: Soll das hier ein Quiz werden oder was? Sie sind doch der Apotheker.

Apotheker: Darum geht es mir ja. Ich möchte sicherstellen, dass Sie die Tabletten richtig einnehmen und dass keine Unverträglichkeit vorliegt.

Kunde: Na ja, ich nehm mal nicht an, dass ich mir
            das Zeug hinten reinschieben soll, oder?
            Ich nehm die Dinger seit 20 Jahren und
            lebe immer noch. Kann wohl nicht so ge-
            fährlich sein.

Apotheker *(zögerlich)*: Wie oft nehmen Sie denn
            Schmerztabletten? Wenn Sie diese regel-
            mäßig verwenden, sollten Sie unbedingt
            einen Arzt konsultieren.

Kunde *(laut)*: Ich fass es nicht, was Sie hier mit mir
            veranstalten. Ich will ja kein Methadon
            oder Morphium, ich frag nach 'ner stink-
            normalen Aspirin gegen meinen verdamm-
            ten Kater!

Signalstörung

*In der zweiten Klasse eines ICE. Eine ältere Frau kommt mit
zwei Koffern angeschlurft, stöhnt, ächzt, schiebt sie mit letzter
Kraft in eine Nische und lässt sich auf ihren Sitz fallen. Die
Schaffnerin kommt.*

Schaffnerin: Die Fahrkarten, bitte.

Ältere Frau *(reicht ihr die Karte)*: Also, ich bin noch soo
            aus der Puste! Mein Waggon sollte ja

unter E halten. Und dann heißt es plötzlich: Umgekehrte Wagenreihung! Da musste ich den ganzen Weg durch den Zug zu meinem Platz. Mit meinen Koffern.

Schaffnerin: Das liegt daran, dass der Zug in umgekehrter Wagenreihung fährt.

Ältere Frau: Ich weiß! Wieso machen Sie denn so was?

Schaffnerin *(knipst die Fahrkarten ab)*: Ich mach gar nichts. Sie hätten doch schon auf dem Bahnsteig zum richtigen Waggon laufen können.

Ältere Frau *(lacht)*: Ich, als alte Frau? Mit meinen schweren Koffern? Das hätte ich nie so schnell geschafft! Da wär der Zug ohne mich abgefahren.

Schaffnerin: Wenn Sie gehbehindert sind, können Sie bei der Bahnhofsmission eine Einstiegshilfe beantragen.

Ältere Frau: Ich brauch doch keine Einstiegshilfe! Nur wenn der Zug umgekehrt einfährt!

Schaffnerin: Ja, was wollen Sie denn eigentlich von mir?

Ältere Frau: Ich wollte nur sagen, es war ganz schön anstrengend, mit den Koffern durch den gesamten Zug ...

Schaffnerin: Das sagten Sie bereits. Aber was werfen Sie mir denn vor?

Ältere Frau: Nichts!

Schaffnerin: Dann verstehe ich nicht, was Sie von mir
wollen.

Ältere Frau *(irritiert)*: Das weiß ich jetzt auch nicht
mehr.

Klare Entscheidung

Elternabend in der achten Klasse.

Lehrerin: Kommen wir jetzt zur Wahl des Elternspre-
chers. Rita, wie sieht's aus? Hättest du noch
mal Lust?

Rita *(erregt)*: Auf keinen Fall! Nee, sorry, aber ich hab
so viel um die Ohren … grad auch mit Jona-
than.

Lehrerin *(enttäuscht)*: Mmh. Wirklich nicht? Aber du
hast das doch soo gut gemacht das letzte
Jahr!

Anerkennendes Murmeln im Saal.

Rita: Nee, tut mir echt leid. Aber Klaus hat jetzt
auch im Job so viel zu tun, und ich hab so
viel aufm Zettel.

Lehrerin *(resigniert)*: Klar.

Rita *(nachdenklich)*: Ich mein, das hat mir ja wirklich

Spaß gemacht… und eigentlich hätte ich es ja auch noch mal gemacht, aber die Zeit fehlt einfach.

Lehrerin: Da müssen wir uns wohl nach jemand anderem umsehen. Wer hätte denn dieses Jahr Lust?

Stille. Sorgfältiges Schweigen.

Lehrerin: Gar keiner?

Absolute Stille.

Lehrerin: Rita, du hattest ja gesagt, eigentlich hättest du gerne weitergemacht…

Rita: Ja. Aber wie gesagt, es kommt leider nicht in Frage. Es sei denn… es findet sich überhaupt kein andrer.

Lehrerin *(zögert, nach einer Pause)*: Ich fürchte, davon müssen wir ausgehen. Das haben wir ja gerade gesehen.

Rita *(ringt mit sich)*: Ja… also dann…

Lehrerin: Würdest du es noch mal machen?

Rita *(zögert)*: Ähm…

Applaus, Trampeln, Klopfen und Jubel im Klassenzimmer.

Lehrerin: Super. Damit ist Rita fürs nächste Jahr als Elternsprecherin wiedergewählt! Oder stimmt jemand dagegen?

Großes Lachen und Heiterkeit.

Unterpfand

Fahrradladen im Sommer. Ziemlich lange Schlange vor der Kasse. Ein dünner älterer Herr spricht mit einem jungen coolen Verkäufer mit Ohrringen und Glatze.

Herr: Entschuldigen Sie, ich habe vorgestern ein paar Räder Probe gefahren und musste meinen Personalausweis abgeben. Danach hab ich vergessen, ihn wieder mitzunehmen … könnten Sie mal nachsehen, ob er da ist? Ich heiße Thomas Schmidt.

Verkäufer *(sucht kurz in der Kassenschublade)*: Nee, nix da.

Herr *(nervös)*: Also, ich fürchte, der muss da sein.

Verkäufer: Bei wem waren Sie denn?

Herr: Das war ein junger Mann mit Pferdeschwanz und auffälligem Tattoo.

Verkäufer *(ruhig)*: Okay. Flebbi. Dann hat Flebbi ihn mit nach Hause genommen. Der ist Montag wieder da. Dann können Sie ihn hier rausholen.

Herr: Entschuldigen Sie, aber ich brauche den Ausweis recht dringend. Könnten Sie den Herrn … Flebbi mal anrufen, ob er ihn wirklich hat?

Verkäufer: Natürlich hat er ihn. Wenn er hier nicht ist.

Herr: Rufen Sie ihn doch bitte mal an.

Verkäufer *(stöhnt, zückt sein Handy, wählt eine Nummer)*: Hi. Hier Edu. Ja. Sag mal, Flebbi, hast du Dienstag 'n Perso eingesteckt? Nee, macht nix. Sorry. Alles gut. Bis denne. *(legt auf, wendet sich wieder an den Kunden)*. Flebbi hat ihn auch nicht.

Herr *(etwas lauter)*: Aber... dann muss ich einen neuen beantragen. Und das kostet!

Verkäufer: Wollen Sie jetzt auch noch Geld? Nur weil Sie behaupten, Sie hätten Ihren Ausweis hier abgegeben?

Herr *(laut)*: Fragen Sie doch Herrn Flebbi! Er hat ihn am Dienstag entgegengenommen!

Junger Verkäufer *(immer noch ganz ruhig)*: Also, das wird mir jetzt echt zu blöd. Weißt du eigentlich, wie aggressiv du grade rüberkommst?

Weihnachtliches Mitgefühl

*Drei Tage vor Weihnachten. Morgens in der Kantine, draußen
regnet es bei 6 Grad plus. An der Kaffeemaschine staut es
sich.*

Mann: Was 'n Scheißwetter da draußen. Wird überhaupt nicht hell heute.

Frau: Mit ein bisschen Glück gibt's ja noch rechtzeitig Schnee.

Mann: Hör mir auf! Auf Schnee kann ich gut verzichten!

Frau: Och, zu Weihnachten passt das doch immer
ganz schön, finde ich.

Mann: Nee, also ich weiß nicht. Im Skiurlaub ja, aber
hier in der Stadt? Bloß nicht.

Frau: Aber weiße Weihnachten sind doch wunderbar
romantisch. Also ich würde mich freuen, wenn
es noch anfängt zu schneien.

Mann: Oh nee, nur das nicht. Dann sind die Straßen
wieder so voll, und die Autos stauen sich alle.

Frau: Hast du überhaupt ein Auto? Du kommst doch
immer mit der S-Bahn.

Mann: Ja, aber wenn ich ein Auto hätte, dann würd
mich das echt nerven!

Missverständnis

Zwei Mädchen, circa 16 Jahre alt, gehen nebeneinander her und schauen auf ihre Mobiltelefone.

Mädchen 1 *(regt sich auf)*: Ey, ich hab gesagt, Bitch, das machst du nicht mit mir.

Mädchen 2 *(schüttelt den Kopf)*: So ne Bitch. Echt.

Mädchen 1: Und dann regt die sich voll auf, ey. Und ich sag, ey Bitch, ich hab Bitch gesagt.

Mädchen 2 *(laut)*: Was will die Tussi denn?

Mädchen 1: Ey, ich hab ja nicht Schlampe gesagt, ich hab Bitch gesagt. Ey, ich hasse die Schlampe, ey!

13. Schönheitssucher

»Schönheit ist eine kurzlebige Tyrannei.«
(Sokrates)

»Das Einzige, was du kannst, ist als Geruch aufm Fischkutter arbeiten.«
(Dieter Bohlen)

Schlendern Sie mal durch die Fußgängerzone von Ober-
hausen oder Villingen-Schwenningen. Entfernen Sie
sich in Meißen oder Cottbus 300 Meter vom sanierten
Stadtkern. Oder betrachten Sie die Gäste auf einem
50. Geburtstag. Schönheit geht anders. Man hat auch
nicht den Eindruck, dass sie in den Gedanken der Menschen eine signifikante Rolle spielt. Billig, regenabwei-
send, rostbeständig – unbedingt. Testsieger mit zehn-
jähriger Garantie – auf jeden Fall. Aber schön, reizvoll,
bezaubernd, originell, stilvoll – *was ist das?*

Umso wichtiger war es uns, ein Kapitel für den Typus zu reservieren, der statistisch zwar kaum nachweisbar ist, uns aber umso größere Glücksmomente beschert, wenn wir ihm unverhofft begegnen. Und zwar an Orten, wo wir ihn nie vermutet hätten: auf Männertoiletten, in der Bundeswehr oder in der Damenabteilung von Karstadt. Schönheitssucher trotzen ihrem Übergewicht ebenso wie dem Diätterror. Sie ignorieren das Hässlichkeitsdiktat moderner Kunst und wissen, wo man eine Ehefrau am besten aufbewahrt: im Kühlschrank. Auch wenn sie so etwas wie Schönheit selber nie erreichen, so bewahren sie doch die Idee in unseren Herzen, dass es sie auch bei uns einmal geben wird, *irgendwie, irgendwo, irgendwann* (Nena). Ernst Bloch nannte es das Prinzip Hoffnung. Vielleicht lassen auch Sie sich durch dieses Kapitel inspirieren, ein Schönheitssucher zu werden. Wenigstens für eine halbe Stunde. Was sagten Sie – Möbel Kraft? Peek & Cloppenburg? KiK? Genau – absolut – das hatten wir gemeint. Nein, nein, alles in Ordnung. *SEHR* schön!

Zeitlos

Mutter (recht rundlich) und Tochter gemeinsam in der Damen-abteilung eines konservativen Kaufhauses.

Verkäuferin: Kann ich Ihnen vielleicht helfen? Was suchen Sie denn?

Mutter: Eine Bluse, mit so feinen Streifen im englischen Stil. Ich hab da einen passenden Rock.

Verkäuferin: So etwas vielleicht?

Mutter: Die wäre schön, aber so etwas kann ich momentan leider noch nicht wieder tragen. Da muss ich erst noch ein bisschen abnehmen.

Verkäuferin: Dann vielleicht eine Nummer größer?

Mutter: Nein, nein, ich bin ja gerade am Abnehmen.

Tochter: Mutti, aber vielleicht könntest du ja für die Zwischenzeit …

Mutter *(schaut Tochter an)*: Ich hab ja schon ganz doll abgenommen.

Tochter *(lächelt aufmunternd)*: Aber Mutti … hast du das nicht letztes Mal auch gesagt, als wir hier waren?

Mutter *(errötend)*: Wie, letztes Mal? Das ist doch schon ein Jahr her!

Ur-Instinkte

Auf der Herrentoilette am Flughafen; circa acht Pissoirs in einer Reihe. Ein Mann mit Handgepäck und Duty-free-Einkaufstüte stellt sich hinter ein Pissoir, ohne dabei sein Gepäck abzulegen, und versucht, seine Hose zu öffnen. Zwei andere Männer sind bereits am Pinkeln.

Mann mit Gepäck *(vor sich hin murmelnd)*: Bäh, wie soll man so pinkeln? Mit all dem Zeug.

Anderer Mann: Warum stellen Sie die Sachen nicht ab, dann haben Sie die Hände frei.

Mann mit Gepäck: Hier ist doch alles volluriniert. Ich stell doch nicht meine Tasche in das Urinat anderer Leute.

Anderer Mann *(lachend)*: Na, wenn Sie so weitermachen, haben Sie Ihre Tasche gleich selbst vollgepinkelt.

Mann mit Gepäck: Immerhin ist es dann mein eigener Abschlag und nicht der von irgendwelchen Fremden. Schlimm hier. Alles gelb!

Starke Truppe

In der Cafeteria eines Bürogebäudes. An einem etwas abseits gelegenen Tisch sitzt ein Mann und versucht etwas umständlich, am Bauchbereich seines Hemdes einen Knopf anzunähen. Es nähert sich ein anderer Mann mit einem Kaffeebecher und setzt sich zu ihm.

Kaffeetrinker: Na, Richard, das sieht ja spannend aus. Bist du unter die Heimwerker gegangen?

Knopfannäher: Sehr witzig. Nee, ich muss gleich ins Meeting, und mir ist hier doch eben prompt der Knopf abgeflogen.

Kaffeetrinker: Hmm. Da bist du wohl einfach zu fett geworden.

Knopfannäher: Das steht zu befürchten. So, gleich ist das Ding wieder dran.

Kaffeetrinker: Also, ich könnt' so was gar nicht. Wenn bei mir mal ein Knopf abfällt, gebe ich das immer meiner Frau. Oder unserer Putzfrau.

Knopfannäher: Tja, selbst ist der Mann. Da sieht man mal, wozu die Bundeswehr alles gut ist.

Kaffeetrinker: Ach was. Haste das beim Bund gelernt oder was? Ich dachte, da lernt man Schießen.

Knopfannäher: Da sieht man mal wieder, dass du einfach überhaupt keine Ahnung hast. Beim
Bund lernt man vor allem praktische Dinge
wie T-Shirts falten, Schuhe putzen, Betten
machen. Oder eben auch Knöpfe annähen.

Trennungsschwierigkeiten

Mutter und Tochter in der Damenabteilung eines Kaufhauses.

Mutter: Der ist doch schön! So einen suche ich
schon ewig!!

Tochter: Total schön. Kommt mir aber irgendwie bekannt vor. Hast du so einen nicht schon?

Mutter: Ach, der ist doch schon total alt!

Tochter: Ach so. Verstehe. Und den alten Pulli bringst
du dann zur Altkleidersammlung?!

Mutter: Die alten Pullis tragen wir immer an Bord –
abends ist es dann doch manchmal kühl.

Tochter: Ich denke, du willst so lange nicht mitsegeln,
bis das alte Boot verkauft ist.

Mutter: Ja, das mache ich nicht mehr länger mit. Damit ist jetzt Schluss. Zwei Boote. Was für ein
Schwachsinn. Das muss endlich verkauft
werden. Aber du kennst ja deinen Vater!

Tochter: Dann kannst du ja den Pulli zur Altkleidersammlung bringen. Oder die anderen 20
Bordpullis.

Mutter: Nein, die alten Bordpullis ziehen wir immer
zur Gartenarbeit an.

Tochter: Gartenarbeit? Habt ihr nicht einen Gärtner?

Dummes Huhn

Kurz vor Ostern auf dem Wochenmarkt. An einem Stand mit Eiern und Honig stehen mehrere Leute an.

Kundin: Haben Sie noch mehr von den weißen
Eiern?

Verkäuferin: Nein, nur diese, die Sie hier sehen. Aber
von den braunen sind noch jede Menge
da.

Kundin: Nee, die helfen mir nicht weiter. Wir wollen
die ausblasen und dann bemalen. Für unseren Osterstrauß.

Verkäuferin: Das tut mir leid, ich habe nur noch die drei
Stück hier. Aber braune Eier kann man ja
auch bemalen.

Kundin *(frech)*: Das sieht aber nicht gut aus! Sie müssten doch eigentlich wissen, dass zu Ostern

weiße Eier gebraucht werden. Das ist doch jedes Jahr dasselbe. Da muss man doch mal vorausdenken, finde ich!

Verkäuferin: Das habe ich den Hühnern auch gesagt! Aber wissen Sie was? Die können die Farbe nicht wechseln! Die einen legen weiße Eier, die anderen legen braune. Das ganze Jahr wollen die Leute braune, und nur jetzt zu Ostern fragen alle nach weißen Eiern!

Die Kundin guckt erstaunt und schüttelt den Kopf.

Verkäuferin: Schlimm, finde ich auch. Aber die blöden Viecher scheren sich einen Dreck um Ostern oder Weihnachten. Mit Kundenorientierung können Sie bei denen nichts erreichen!

Tiefgekühlt

Es ist Sommer, zwei Männer sitzen in einem Ausflugsgebiet auf einer Parkbank.

Mann 1: Mensch, so 'n kaltes Bier... haste das im Kühlschrank gehabt?

Mann 2: Nä... wie denn?

Mann 1: Na, du bist doch so einer … du nimmst doch glatt dein' Kühlschrank mit.

Mann 2: Klar. Ich hab mein' Kühlschrank mitgenommen. Im Zug.

Mann 1: Ja. Besser den Kühlschrank wie die Ehefrau!

Mann 2: Wieso dat denn?

Mann 1: Na, mit 'nem Kühlschrank kann man eben mehr anfangen wie mit 'ner Ehefrau!

Mann 2: Bei mir ist das anders.

Mann 1: Wieso?

Mann 2: Bei mir liegt die Ehefrau im Kühlschrank.

Mann 1: Wieso dat denn?

Mann 2: Na, zum Frischhalten natürlich!

Mann 1: Sag ich ja. Mit 'nem Kühlschrank kann man mehr anfangen wie mit 'ner Ehefrau.

Konsequente Diät

Zwei übergewichtige Eltern mit ihrem erwachsenen Sohn im Restaurant.

Mutter: Also ich will gar nicht viel. Nur einen Salat.

Sohn: Sehr löblich.

Mutter: Ja, ich will gar nicht viel. Oder doch das Putenschnitzel. Mit den Kroketten?

Sohn: Ich dachte, du willst abnehmen?

Mutter: Ja, ich wollte ja auch den Salat. Das andere ist ja viel zu viel.

Sohn: Glaube ich auch.

Mutter: Aber ich hatte heute erst eine Scheibe Brot.

Sohn: Echt?

Vater kichert im Hintergrund. Mutter wirft böse Blicke.

Mutter: Morgen gibt es auch wieder nur Salat. Ich denke, ich darf heute noch mal das Putenschnitzel. Ich hatte ja auch erst eine Scheibe Brot.

Sohn: Wie du meinst.

Eine Stunde später.

Mutter: Meine Güte, das ist aber auch viel.

Sohn: Du musst es ja nicht aufessen.

Mutter: Warum sind denn die Portionen hier so riesig?

Sohn: Weil hier auch große, kräftige Männer nach einem harten Arbeitstag essen, und die hatten bis dahin vielleicht nur eine Scheibe Brot!

Vater kichert im Hintergrund. Mutter wirft böse Blicke.

Mutter: Immerhin habe ich das alles bezahlt, dann esse ich es auch auf. Also das nächste Mal nehme ich den Salat.

Starkes Motiv

Ein Guide führt eine Gruppe von Kunstinteressierten durch die
Eröffnung einer Gruppenausstellung.

Guide: Hier kommen wir also zum Werk von Harald
            Nortenstein. Wie Sie sehen: sehr bunt, sehr
            fröhlich, viele kräftige, kontrastreiche Far-
            ben, rot, blau, gelb, grün... Harald, was
            hast du empfunden, als du das gemalt
            hast?
Künstler: Gute Stimmung.
Guide: Interessant. Nun sind es ja nicht nur sehr
            bunte, unbefangen naive, reine Farben, es
            sind auch ineinander verschlungene Struktu-
            ren, wie lange Fäden in einem Labyrinth...
            das setzt viele Assoziationen frei, viele Inter-
            pretationsmöglichkeiten... was war denn
            deine ganz persönliche Motivation für das
            Bild?
Künstler: Gute Stimmung!
Guide: Interessant. Ich denke, jeder von uns nimmt
            so ein Bild ja nun ganz verschieden auf, je
            nach persönlichem Rezeptionshintergrund...
            und dann noch dieses riesige Format, das
            fast den ganzen Raum einnimmt. Was wür-
            dest du sagen, was willst du mit dieser Art

Kunst oder auch mit diesem ganz speziellen Bild erreichen?

Künstler *(kratzt sich am Vollbart, streicht sich über die Glatze)*: Gute Stimmung!

14. Alltagsrebellen

»Disziplin ist alles.«
(Graf von Moltke)

»You gotta fight for your right to party.«
(Beastie Boys)

Doch: Auch wir haben den Rock 'n' Roll. Nicht nur die Amerikaner. Sie haben vielleicht Elvis, Bruce Springsteen und Johnny Depp. Na und? Wir haben Unheilig, Matthias Schweighöfer und Peter Kraus! Wir sind nämlich gar nicht die braven Klassensprecher, für die der Rest der Welt uns hält. Na gut, auf der Arbeit schon. Aber in der Freizeit – da sind wir wild und unberechenbar. Jedenfalls manchmal. Dann sagen wir kaltblütig unsere Meinung, beim Bäcker oder auf Facebook. Zum Beispiel, dass das mit Uli Hoeneß und seiner Steuerhinterziehung *gar nicht* geht. Wenn es hart auf hart kommt, springen wir sogar vom Beckenrand, klicken eine Onlinepetition an oder kraxeln in einem Sicherheitskostüm durch einen Hochseilgarten. Als absoluten Höhepunkt nehmen wir einmal im Leben an einem Warnstreik teil. Und während wir diese verwegenen Dinge tun, gucken wir so grimmig und furchteinflößend wie Philipp Lahm beim Freistoß. Wie hieß eine der erfolgreichsten deutschen Parteigründungen der letzten zehn Jahre? *PIRATEN!*

Und darum beenden wir dieses Buch auch mit dem Typus, der sich darauf spezialisiert hat, sich aufzulehnen – selbst da, wo es aussichtslos erscheint. Oder glauben Sie, eine Mutter ließe sich davon abhalten, in Babysprache mit ihren Kindern zu reden? Oder Sie könnten einen Speditionsmitarbeiter dazu überreden, pünktlich zu kommen? Egal. Widerstand ist Widerstand. Und der ist bei uns ein verbrieftes Recht. Wir sind sogar der einzige Staat der Welt, wo dieses Recht in der Verfassung steht. Gut, die Bürger anderer Länder warten auch nicht auf eine staatliche Erlaubnis, ehe sie revoltieren. Aber das wäre nun wirklich zu viel verlangt von uns.

Anarchie ist machbar, Herr Nachbar. Auch in Ihnen schlummert ein Che Guevara. Verschwenden Sie Ihr Geld, sagen Sie Bettlern Ihre Meinung, bestechen Sie einen Beamten. Und wenn der Seminarleiter es noch so oft wiederholt: Sie sind keine Ameise! Nein, Sie sind ein freies, autonomes Wesen. Also, Sie könnten

es sein. Unter anderen Umständen. Und wenn Sie darauf bestehen würden. Aber leichtsinnig sollte man deswegen auch nicht werden. Kann man sich gegen unbeabsichtigte und unkontrollierte Rebellionsfolgen vielleicht versichern lassen?

Familientradition

Im Umkleidebereich eines Modegeschäfts. Jugendlicher kommt stolz mit extravagantem Hemd aus seiner Kabine.

Jugendlicher: Na, was sachst du? Alles fresh?
Mutter *(zögerlich)*: Mmh … also … was kost 'n das?
Jugendlicher: Sach doch erst mal! Wie findst 'n das?
Mutter: Nicht schlecht … aber was kostet es?
Jugendlicher: 70.
Mutter: 70 Euro für ein Hemd? Bist du wahnsinnig? Ich hab ja gleich gesagt, lass uns zu H&M gehen.
Jugendlicher: H&M? Da kann ich ja gleich bei Aldi oder Lidl meine Klamotten kaufen.
Mutter: Ist dir eigentlich klar, dass du der Einzige in der ganzen Familie bist, der so viel für Klamotten ausgibt?
Jugendlicher: Klar. Ihr seht ja auch alle scheiße aus!

Keine Frage der Bildung

In der Fußgängerzone. Eine junge Frau spricht Passanten an und fragt nach etwas Geld für ein Mittagessen. Ein älterer Mann bleibt stehen.

Frau: Entschuldigung, hat vielleicht jemand ein paar Euro für ein Mittagessen übrig?

Mann: Sach ma, weißt du eigentlich, wie man Arbeit schreibt?

Frau *(entgeistert)*: Wie bitte?

Mann: Ob du weißt, wie man Arbeit schreibt.

Frau: Na klar, ich buchstabiere: Aa Er Es Ce Ha El Oh Ce Ha!

Konsumentenwehr

Supermarktkasse. Die erste Kundin, eine ältere Dame, hat bereits bezahlt und packt sehr langsam ihre Sachen ein, die sich direkt hinter der Kasse stapeln. Die Waren des nächsten Kunden (ein junger Mann) stapeln sich hinter und zwischen den Waren der älteren Dame.

Junger Mann: Entschuldigen Sie …

Ältere Dame: Ja?

Junger Mann:	Könnten Sie vielleicht … etwas zügiger einpacken? Unsere Sachen sind ja kaum noch auseinanderzuhalten.
Ältere Dame:	Ich lasse mich ganz bestimmt nicht hetzen.
Junger Mann:	Sicher. Aber wenn Sie vielleicht etwas schneller …
Ältere Dame:	Ist Ihnen mal was aufgefallen? Hier gibt es ganz bewusst überhaupt keinen Platz hinter der Kasse! Keine Ablage, nichts! Damit man fluchtartig seine Sachen zusammenpackt und geht!
Junger Mann:	Wieso sollten die das denn extra machen?
Ältere Dame:	Na, warum wohl? Damit man gar nicht erst die Zeit hat, seine Quittung gründlich zu überprüfen. Deswegen!
Kassierer:	Gute Frau. Hier ist einfach kein Platz in dem Laden. Das ist alles.
Ältere Dame:	Ja, aber warum denn? Weil Sie die Kasse hier direkt vor die Eingangstür platzieren. Ich lasse mich davon nicht unter Druck setzen!
Junger Mann:	Könnten Sie denn vielleicht trotzdem jetzt … etwas schneller …
Ältere Dame:	Unter keinen Umständen! Ich packe immer extralangsam ein! Irgendeiner

muss sich ja wehren. Sonst ändert sich ja nie was.

Junger Mann: Sie meinen, ich soll gleich auch in Zeitlupe einpacken?

Kunde dahinter: Bitte nicht.

Sondermüll

Ein älteres Ehepaar steht in der Schlange beim Bäcker.

Sie: Heute stand es wieder in der Zeitung: Die Müllmänner dürfen in der Weihnachtszeit kein Geld annehmen.

Er: Ach, wir geben ihnen trotzdem was.

Sie: Das geht doch nicht! Da machen wir uns strafbar. Und die Müllmänner auch.

Er: Hmm. Dann geben wir ihnen eine Flasche Schnaps. Die kann man immer gebrauchen.

Sie: Das geht auch nicht. Schnaps ist wie Geld oder geldähnlicher Vorteil oder wie das heißt.

Er: Weil man umsonst besoffen wird?

Sie: Ja. Die Müllmänner dürfen in der Weihnachtszeit gar nichts annehmen.

Er: Dürfen sie denn den Müll überhaupt noch mitnehmen?

Sie: Du musst nicht immer gleich alles ins Lächer-
        liche ziehen.

Er: Ich weiß, was wir machen. Wir schmeißen ein-
        fach vor deren Augen 20 Euro in den Müll. Die
        können sie dann ja rausfischen und haben nur
        den Müll angenommen!

Schlechter Empfang

*Speditionsangestellter mit großem TV-Gerät im Treppenhaus
eines Mehrfamilienhauses vor offener Tür.*

Speditionsangestellter *(außer Atem)*: Sind Sie Herr
        Blomkamp?

Kunde: Endlich kommen Sie! Ich warte schon den
        ganzen Tag auf Sie.

Speditionsangestellter: Das ist Ihr Ersatzfernseher.

Kunde: Dürfte ich mir den mal ansehen?

Speditionsangestellter: Nee. Ich muss sofort los. Bin
        schon viel zu spät dran.

Kunde: Das habe ich gemerkt. Sie wollten zwischen
        acht und sechzehn Uhr hier sein. Es ist sieb-
        zehn Uhr dreißig.

Speditionsangestellter: Also dann unterschreiben Sie
        bitte hier.

Kunde: Erst muss ich das Gerät auf Schäden über-
           prüfen. Das steht in der Mail vom Kunden-
           dienst. Sonst bin ich nachher haftbar für
           jeden Kratzer, der schon vorher dran war.

Speditionsangestellter: Das interessiert mich nicht.
           Ich muss los.

Kunde: Entschuldigen Sie, aber erst muss ich mir
           das Gerät ansehen.

Speditionsangestellter: Also ich sag Ihnen mal was:
           Entweder Sie nehmen das Gerät, so wie es
           ist, oder ich nehme es wieder mit und fahre.

Kunde: Aber ich habe ja bereits den ganzen Tag
           gewartet!

Speditionsangestellter: Eben. Dann müssen Sie noch
           einen ganzen Tag warten. Also, was jetzt?

Die Zeichen erkennen

*Zwei Männer um die 30 beim Mittagstisch. Der eine isst Suppe,
der andere eine Frikadelle mit Kartoffelsalat.*

Mann mit Löffel: Ich war heute Morgen doch beim
           Straßenverkehrsamt, den Wagen für Anette
           anmelden. Hat mich die Sachbearbeiterin
           gefragt, ob ich für 20 Euro extra ein Wunsch-
           kennzeichen haben möchte.

Mann mit Gabel: Und, haste eins genommen?

Mann mit Löffel: Nee, ich finde das irgendwie peinlich! Hab noch überlegt, Anette anzurufen und zu fragen, ob sie eines haben möchte, ist ja schließlich ihr Wagen.

Mann mit Gabel: Nee, kannste echt nicht machen. Wunschkennzeichen sind total spießig.

Mann mit Löffel: Oberpeinlich sind die! Seht her, mein Wagen ist geil, ich bin geil, ich hab sogar meine Initialen auf dem Nummernschild!

Mann mit Gabel: Voll die Selbstoffenbarung.

Mann mit Löffel: So ist das.

Mann mit Gabel: Und was hast du jetzt gekriegt?

Mann mit Löffel: Keine Ahnung, irgendwas mit Q.

Mann mit Gabel: Ey, stell dir mal vor, du hättest durch Zufall deine oder Anettes Initialen bekommen. Da hättest du ganz schön alt ausgesehen!

Alte Schule

In einer Einkaufsstraße. Eine junge Punkerin steht vor einem verspiegelten Fenster, betrachtet sich ausführlich und streicht sich ihre verfilzten Rastalocken aus der Stirn. Neben ihr steht ihr kleiner schwarzer Hund und beobachtet sie. Eine ältere Dame nähert sich.

Ältere Dame *(zum Hund)*: Na, mein Süßer, was macht denn die Mami da?

Weder Hund noch Punkerin reagieren. Die Dame bleibt stehen, legt ihre Hände ineinander und beugt sich zum Hund.

Ältere Dame *(zum Hund)*: Ja ei, was macht denn die Mami mit ihren Haaren? Ja, macht sie sich hübsch?

Der Hund beginnt mit dem Schwanz zu wackeln.

Punkerin *(laut und streng)*: Sam, wie oft hab ich dir schon gesagt, dass du dich nicht von wildfremden Leuten ansprechen lassen sollst? Am besten guckst du gar nicht hin, wenn dich komische Leute ansprechen.

Eine Frage der Philosophie

Vor dem Supermarkt. Eine Mutter schiebt ihren vollen Einkaufs-
wagen über den Parkplatz und spricht mit ihrem kleinen Sohn,
der in dem Wagen sitzt.

Mutter: So. Jetzt müssen wir noch unser Brumm-Brumm
finden. Na, wo ist denn unser Brumm-Brumm?
Die Mutter bleibt stehen und schaut sich suchend um.
Eine Frau beobachtet das Vorgehen.
Mutter: Na, wo ist denn unser Brumm-Brumm? Hab
ich es nicht vorhin hier geparkt?
Frau: Bitte sagen Sie nicht Brumm-Brumm, Sie meinen doch bestimmt Ihr Auto, nicht wahr? Ich
helfe Ihnen gern suchen, welche Farbe hat es
denn?
Mutter *(zu ihrem Sohn)*: Ei, das ist lieb, die Dame hilft
uns beim Suchen. Welche Farbe hat denn un-
ser Brumm-Brumm?
Frau: Ich helfe Ihnen beim Suchen ihres Autos, nicht
Ihres Brumm-Brumms. Ein Auto heißt Auto,
und es macht auch nur brumm brumm, wenn
es fährt.
Mutter: Das ist nicht ganz richtig. Genau genommen
kann es auch brumm brumm machen, wenn es
steht. Sofern der Motor läuft und jemand Gas
gibt.

Frau sieht sie entgeistert an.
Mutter *(wieder zum Kind)*: So, wo ist denn jetzt unser
Brumm-Brumm?

Personalentwicklung

Auf einem Seminar. Der Referent liefert sich ein Wortgefecht mit einem Teilnehmer.

Referent: Wir müssen alle Ameisen sein. Sie sind
das Vorbild von dezentral lernenden Orga-
nisationen!

Teilnehmer: Ameisen?

Referent: Die Organisation der Ameisen in der Natur
sollte ein absolutes Vorbild für unser Unternehmen sein. Hier geht es um Best
Practice Performance wie im Lehrbuch!
Überlegen Sie einmal: Findet eine Ameise
eine Futterquelle, informiert sie als Erstes
die anderen, und es vergehen keine zehn
Minuten, und dann steht die Ameisenstraße. Und alle profitieren.

Teilnehmer: Ich will keine Ameise sein!

Referent: Anderes Beispiel: Ein Verkehrsweg der
Ameisen wird unterbrochen. Zum Beispiel
durch einen Ast. Dann schwirren die Tiere

aus, und wenn einer einen neuen Weg gefunden hat, sagt er den anderen Bescheid.
Und erneut: Nach zehn Minuten ist die
komplette Ameisenstraße verlegt, und wieder profitieren alle.

Teilnehmer: Ich kann mich mit der Ameise einfach
nicht identifizieren. Könnte ich auch eine
Katze sein? Oder ein Eichhörnchen?

Der Test: Welcher Typ sind Sie?

»Du solltest wissen, dass einer von deiner Sorte genug ist.«
(Ralph Waldo Emerson)

Vierzehn Typen haben wir Ihnen vorgestellt. Und vermutlich haben Sie Ihre Nachbarin, Ihre Tante und den Fußballtrainer Ihres Sohnes schon wiedererkannt. Aber was ist mit Ihnen? Welcher Typ sind Sie? Das ist nicht ganz unwichtig. »Ein weißes Hemd und rotes Öl können keine Freunde werden«, sagt ein Sprichwort aus Nigeria. Dasselbe gilt auch für das Verhältnis von Erfolgssuchern und Weltrettern. Zum Beispiel. Oder stellen Sie sich vor, Ihr Partner ist Tierfreund, und Sie haben eine Katzenallergie.

Für einen zufriedenen und reibungslosen Lebensablauf ist es gar nicht entscheidend, wer Sie sind, sondern dass Sie unter Ihresgleichen bleiben. Fünf Meinungshaber, die gerne stundenlang dozieren, ohne auf ihre Umgebung zu achten, können einen wunderbaren Abend miteinander verbringen. Und zwei Trickvirtuosen können sich als Geschäftsfreunde ein Leben lang gegenseitig übers Ohr hauen. Solange kein unschuldiger Kindererzieher darunter leiden muss, ist das doch völlig okay.

Nehmen Sie sich also bitte zwei Minuten Zeit für diesen Test – und binden Sie auch Ihre Freunde und Familie mit ein. Leisten Sie einen Beitrag für eine friedlichere Welt – erkennen Sie sich selbst! Hier kommt die Frage aller Fragen:

Die Frau am Gemüsestand teilt Ihnen mit, die von Ihnen gewünschten Fleischtomaten seien ausverkauft. Was antworten Sie?

a) Äh, ich hab grad nicht zugehört. Der Fleischbraten ist ausgelaugt?

b) Habe ich denn jemals behauptet, sie seien nicht ausverkauft? Wollen Sie mich der Lüge bezichtigen? Das ist ja eine einzige Unverschämtheit!

c) Vermutlich wollen Sie mit dieser Taktik die Preise nach oben treiben. Ohne mich! Dann kaufe ich eben stattdessen Radieschen! Die sind eh günstiger.

d) Dennis, nimm die Hände vom Lauch! Lass den Lauch los! Dennis! Hallo? Und auch die Gurken … DENNIS!

e) Sehr gut. Tomatin beschleunigt Parkinson und Alzheimer. Und den Klimawandel. Eigentlich dürften Tomaten gar nicht mehr angebaut werden.

f) Entschuldigen Sie, das Wort »ausverkauft« ist so sinnlos wie das Wort »Unkosten«. In Wahrheit sind Unkosten einfach nur Kosten, und ausverkauft bedeutet nichts anderes als verkauft. Also sagen Sie nächstes Mal bitte: »Die Fleischtomaten sind verkauft«, ja?

g) Du Gemüseluder, willst mich veräppeln, mmh? Wie soll ich denn jetzt meine berühmte Tomatensuppe für dich zaubern?

h) Ja, Schnuffi, was machen wir denn da? Das Frauchen hat keine Fleischtomaten mehr! Keine Fleischtomaten für Schnuffi! Und nun? Was isst Schnuffi denn nun?

i) Ich bin der Meinung, dass es eine Gemüsestandsfleischtomatenbevorratungspflicht geben müsste, die an die Marktstandskonzession geknüpft und alle zwei Wochen behördlich überprüft werden müsste. Und zwar durch eine Gemüsestandsfleischtomatenbevorratungspflichtkontrollbehörde.

j) Was meinen Sie – wenn man zwei normale Tomaten aneinanderpappt – ergäbe das etwas, das Volumen einer Fleischtomate?

k) Ich protestiere! Ich besetze diesen Gemüsestand – wir sind 99 %! Jeder hat das bedingungs-

lose und unantastbare Recht auf Fleischtomaten!
HOCH DIE INTERNATIONALEN FLEISCHTOMATEN!
Nie wieder tomatenlos. Wacht auf, Tomaten dieser
Erde!

l) Was hör ich – keine Fleischtomaten mehr? Keine
sanften, roten Hügel? Kein pralles, saftiges Fleisch,
keine ausladenden Kurven, kein rotglänzendes Ge-
wölbe?

m) Keine Fleischtomaten? Seit 67 Jahren gibt es zum
Geburtstag meines Mannes gefüllte Tomaten! Und
nun? Was wird Heiner sagen?

n) Ausverkauft – um halb elf? Wissen Sie, was das für
einen Umsatzverlust für Sie bedeutet? Sie bräuchten mal ein vernünftiges Gemüsecontrolling!

Auswertung:

Sie haben a) angekreuzt: Sie sind Kommunikations-
künstler. Sie haben in Ihrem Leben noch nie länger als
einen Halbsatz lang zugehört, reden dafür aber nie
unter zwei Stunden. Ihre Umwelt fürchtet Sie und versucht, Ihnen aus dem Weg zu gehen.

Unser Rat: Alles gut! Machen Sie einfach weiter wie
bisher. Mit dieser Störung sind andere 94-jährige Alt-
bundeskanzler geworden. Einer Karriere in den Medien,
der Politik und als Unternehmensberater steht nichts
im Wege.

Sie haben b) angekreuzt: Sie sind ein Selbstverteidiger! Doch! Jetzt lassen Sie uns doch ... äh ... Lassen Sie uns doch einmal ... Nein, das haben wir nicht gesagt ... Moment ... WAS haben Sie da gesagt?

Unser Rat: Sie werden von unserem Anwalt hören!

Sie haben c) angekreuzt: Sie sind ein Kommerzbekämpfer! Wann immer irgendjemand ein nützliches Produkt erfunden hat, überführen Sie ihn der Skrupellosigkeit, der Gier und der Manipulation. Jeder, der mehr verdient als Sie, kann nur ein Betrüger oder Heiratsschwindler sein.

Unser Rat: Werden Sie noch konsequenter: Kaufen Sie gar nicht mehr ein. Ernähren Sie sich von den aktuellen Heften der Stiftung Warentest. Machen Sie einen unbefristeten Sitzstreik vor Sommerschlussverkaufsschildern, und fasten Sie über die Weihnachtsfeiertage! Zahlen Sie nur noch mit einem Lächeln, mit Kastanien oder Indianerfedern.

Sie haben d) angekreuzt: Sie sind ein Kindererzieher! Und was für einer. Ihr Kind leidet unter Computersucht, Pornosucht und Cybermobbing, ist aber gleichzeitig hochbegabt und mehrfacher Gewinner des Kreuzworträtselwettbewerbs der HÖRZU.

Unser Rat: Wir machen uns Sorgen. Denn Sie machen sich möglicherweise zu wenig Sorgen um ihr Kind. Ha-

ben Sie mal an eine Magnetresonanztomographie des Bauchnabels gedacht? An Eigenblutbehandlung zur Heuschnupfenprävention? Und was ist überhaupt mit Gluten?

Sie haben e) angekreuzt: Sie sind ein Weltretter! Ohne Sie bestünden deutsche Werbeslogans nur noch aus Anglizismen, eine ostdeutsche Protestantin würde die CDU in die totale Beliebigkeit führen und fundamentalistische Vollpfosten würden weltweit an Einfluss gewinnen. Da sehen Sie, wie unverzichtbar Sie sind!

Unser Rat: Lassen Sie nicht nach! Gehen Sie Ihren Mitbürgern noch mehr auf die Nerven. Essen Sie nur noch vegane Fleischtomaten und genfreies Gemüse. Erst wenn niemand mehr Spaß am Leben, Essen, Trinken und Feiern hat, ist IHRE Mission erfüllt!

Sie haben f) angekreuzt: Sie sind ein Wissensweitergeber! Sie sind umgeben von dümmlich-ungebildeten Ignoranten, die weder Mittelhochdeutsch sprechen noch *Faust* auswendig können. Von Hegels *Phänomenologie des Geistes* ganz abgesehen.

Unser Rat: Schrauben Sie Ihre Ansprüche massiv herunter. Lernen Sie radikale Akzeptanz. Sie verzweifeln, weil Ihre Schüler zehn Fehler pro Zeile machen? Freuen Sie sich, dass sie wenigstens noch sprechen!

Apple arbeitet an einem Tool, das gesprochene Wörter und Sätze durch Emoticons ersetzt.

Sie haben g) angekreuzt: Sie sind Flirtmeister. Frauen und Mädchen, Starlets und Mauerblümchen liegen Ihnen zu Füßen. Ihre Sekretärin verzehrt sich nach Ihnen. Und die Frau am Gemüsestand träumt seit Jahren von wildem, hemmungslosem Sex mit Ihnen.
Unser Rat: Seien Sie vorsichtig! Kaiser Nero wurde im Auftrag einer Geliebten erstochen. Und Jörg Kachelmann musste vor Gericht alle Einzelheiten seiner Lausemädchen-Sammel-SMS erläutern. Versuchen Sie, Ihre Galanterien auf die, sagen wir, 200 Frauen zu konzentrieren, bei denen Sie ernsthafte Absichten hegen.

Sie haben h) angekreuzt: Sie sind ein Tierfreund! Wuff!
Unser Rat: Miau! GRRRRRRR!

Sie haben i) angekreuzt: Sie sind ein Meinungshaber! Kein Hartz IV für Sinti und Roma, Weidenfeller ins Tor, und Jürgen Trittin muss schwarz-grüner Bundeskanzler werden!
Unser Rat: Loggen Sie sich in den Leserforen von SZ, FAZ, BILD, kicker, Brigitte, Landlust und allen öffentlich-rechtlichen Rundfunkanstalten ein – und geigen denen mal so richtig die Meinung. Besuchen Sie Ihren

Wahlkreisabgeordneten in seinem Berliner Büro. Es gibt unendlich viel zu tun. Die Welt braucht Ihre Meinung – sonst ist sie verloren!

Sie haben j) angekreuzt: Sie sind ein Trickvirtuose! Sie haben es einfach drauf. Aus den Bananenschalen, auf denen andere ausrutschen, basteln Sie sich eine Smartphonehülle.
Unser Rat: Ihnen macht niemand etwas vor – auch wir nicht! Bitte geben Sie UNS einen Rat – wie wird man so endcool wie Sie?

Sie haben k) angekreuzt: Sie sind ein Alltagsrebell. Wenn andere sich ducken und wirbellos durchs Leben kriechen, hissen Sie die rote Fahne des Aufstands.
Unser Rat: Werden Sie TV-Moderator! Tragen Sie Ihre revolutionären Gedanken in die Herzen der proletarischen Massen. Das Ende des Finanzkapitalismus naht! Für ein Leben ohne lästige Arbeit, Schulden, Hypotheken, Mieten und Preise. Alles umsonst für alle!

Sie haben l) angekreuzt: Sie sind ein Schönheitssucher. Des Lebens edle Fülle glänzt aus jeder Schale, die Sie bis zur Neige leeren … O Leben! O Liebe! O güldner Rhein … welch Silbermond bekränzt des Uhus heis'ren Schrei?

Unser Rat: Rilke! Eichendorff! Durs Grünbein!

Sie haben m) angekreuzt: Sie sind ein Traditionsbewahrer! Sie rechnen alles in D-Mark um, schreiben dass mit ß, gehen sonntags in die Messe und essen Heiligabend Karpfen.

Unser Rat: Treten Sie in die AfD ein! Dort laufen keine lästigen Gastarbeiter herum, und Sie treffen auf viele frustrierte Gleichgesinnte. Und auf Menschen, die gerne zehnköpfige Familien gründen wollen – genau wie Sie!

Sie haben n) angekreuzt: Sie sind ein Erfolgssucher! Sie haben bereits alle Bücher von Bodo Schäfer, Werner Tiki Küstenmacher, Bill Clinton und dem Dalai Lama gelesen. Sie verbringen Ihre Wochenenden mit Selbsthypnose, mentalem Dauerjogging und So-binde-ich-wehrlose-Kunden-Workshops.

Unser Rat: Schleimen hilft – aber nur bis zu einem gewissen Punkt. Leider steht Ihnen die Verzweiflung über Ihren bisherigen Misserfolg ins Gesicht geschrieben. Entspannen Sie sich! Und erzählen Sie ruhig mal von Erfolgen, die Sie sich in dem Moment ausdenken. Das bringt jede Menge Bewunderung, ohne dass Sie sich andauernd ins Zeug legen müssten.

Und das ist unser Stichwort: Auch wir legen uns schon mal in die Sonne. Und denken Sie immer daran: Wenn Ihnen jemand dumm kommt – sei es ein Selbstverteidiger, ein Meinungshaber oder ein Weltretter –, dann wissen Sie ja, was Sie ihm entgegnen können: Du, Entschuldigung – ich hab dich rein optisch nicht verstanden!

Wollen Sie
mehr von den
Ullstein Buchverlagen
lesen?

Erhalten Sie jetzt regelmäßig
den Ullstein-Newsletter
mit spannenden Leseempfehlungen,
aktuellen Infos zu Autoren und
exklusiven Gewinnspielen.

www.ullstein-buchverlage.de/newsletter